中国地域の

よみがえる建築遺産

新たな生命を吹き込まれたレトロ建築の魅力

公益社団法人 中国地方総合研究センター 編

中国総研
地域再発見
BOOKS
❷

中国地方総合研究センター

はじめに

「よみがえる建築遺産」は、歴史的建造物を保存しながら、時代のニーズに応じて新たな役割を持たせるために用途転換と改修を図ること、すなわち建築遺産の再生について特集しました。

現在、私たちが目にすることのできる歴史的建造物の多くは、当時の技術の粋を集めたもので、現代建築ではまねのできない美と技のたまものであり、長い年月の風雪を経た味わいも加わっています。高度経済成長期やバブル期のスクラップアンドビルドの大波を経て、今日まで残されている歴史的建造物は、近代化された都市空間においては、貴重な宝のような存在と言えるでしょう。それは、地域の歴史を体現し、地域のアイデンティティーを後世に継承する役割を持っています。歴史的建造物を残すために新たな価値を付与する行為が、建築遺産の再生です。その背後には、建築遺産を残し生かすため、多くの人々の努力や工夫があったことと思われます。

「よみがえる建築遺産」の中には、重要文化財や登録有形文化財をはじめとして、指定や登録を受けていなくても、歴史的、文化的価値を保持し、地域の人々に愛されている建物まで含まれます。再生利用を可能とすることから、時代的には明治、大正、昭和戦前までの近代建築が主となっています。和風建築の中には江戸期のものも含まれます。再生された建築遺産には、現代社会に適合するように新たな生命力が吹き込まれています。地域の過去の記憶が継承された建築遺産において、芸術文化や商業活動等での利活用を図ることで、新しい表現の可能性や現代空間にはない魅力を生みだすのです。それは、吸引力が低下した地方都市の中心部に、再び人々の視線を集め人を引きつける、泉のような力を持っています。域外からの訪問者に対しては、地域固有の文化を発信するシンボル的な存在であり、新たな集客資源になる可能性も秘めています。保存し再生された建築遺産は、生活空間として使いこなすことにより、単に見るだけの文化財ではなく、地域に新たな可能性や豊かさをもたらす資源と言えるでしょう。

本書が取り上げた建築遺産は、中国地域を代表する再生の事例ですが、元よりすべてを網羅したものではありません。このほかにも優れた建築遺産の再生事例があり、今後も新たに追加されていくことと思われます。

本書では、再生された建築遺産が備える空間的な魅力とともに、それがいかにして残され再生されたのか、またいかに地域に生かされているかについて紹介します。

公益社団法人　中国地方総合研究センター

中国総研
地域再発見
BOOKS
❷

中国地域のよみがえる建築遺産……目次

〔広島編〕

〔山口編〕

〔島根編〕

第一部

歴史的建造物の保存・活用

歴史的建造物の保存・活用

―時を越えて継承していくために

神戸大学教授　足立裕司

　どのような建造物であっても、完成した瞬間から時間の流れにさらされることになります。時間を経るに従って、建物は少しずつ落ち着きを見せ、さらに時間が経つとさびや風食、ひび割れや欠損といった傷み、劣化も目立つようになる。それは人間や生物と同じ自然の摂理といえます。

　しかし最近の現代建築では、そのような変化は一見しただけでは目立ちません。いつまで経っても同じような雰囲気を保っています。おそらく一〇年程度ではあまり大きな変化が生じないように、いわゆるメンテナンスフリーと呼ばれるような考えで造られているからです。それでもさらに一〇年、二〇年と時間が経ってくると、さすがに設備機器から修理、更新時期を迎え、建物自体の使い勝手も違ってきます。建った時は最新のデザインであっても、どこか古い感じがしてくるものです。従来の建て方で造られた建築のように徐々に歳を取るのではなく、周りの建物が新しくなることによって、何となく古い感じがしてくるのです。特に建築デザインの傾向が大きく変わる時には、急に古めかしくなる場合も少なくありません。最初にきわめて人為的な時間の操作がなされるために、そこに生まれていた時間のギャップが急に露呈されることになるのです。

建築はその時代の特徴や流行といったものをどこかに備えているものですが、これまでの建物では、その建物を造りあげている素材自体も一緒に時間の経過を刻んでいくものでした。都市はそうした建物の集合としてさまざまな時代を蓄積していました。それは人や生物と同じエイジングと呼ばれる自然な現象であり、違った世代が補い合って生きていくという構造を持っていました。一気に造られ、一斉に古くなって取り壊されるという極端な現象は、現代建築特有の現象といえるでしょう。

箱木の千年家（神戸市）

建物の価値

神戸市の六甲山の裏には「箱木の千年家」と呼ばれる日本でも最も古い民家があります。柱や梁、床に刻まれた風合いは何とも言えない味わいがあります。この時代までよく残ったという感慨が伝わってきます。ここでどれだけの人生が過ごされ、どれだけ多くの事（コト）が生起してきたのだろうと考え

生野鉱山職員宿舎

修復後の旧生野鉱山宿舎八号棟（兵庫県朝来市）

させられます。住宅という誰もが経験している建物であるだけに、そうした自己の体験を重ね合わせた共感も生まれてくるのです。

歴史を経た建物は、その建物を建てた人々の時代の雰囲気や生活を、時間を越えて伝えてくれます。文字にとどめられた記述では想像しにくい、時間の経過を具体的に示してくれるのです。建物には実用を越えた信仰や建主の強い意思が詰まっているものもありますが、そうではない実用に即して建てられた建物であっても、時間を経るに従ってさまざまな出来事が繰り返され、人々の記憶に蓄積されていきます。そして、やがて実用性や個の所有を越えて、より大きな価値、つまり公共的な価値が生まれてくるのです。

私が修復を行った兵庫県の生野鉱山職員宿舎は、その当時は大きな特徴もない和風の住居でしたが、今では生野のまち並みにとって欠くことのできない存在となっています。わずか四棟だけになりましたが、それらは鉱山の町であったことを象徴するものであり、人々が共有し得る記憶の場でもあるのです。

しかし、建築にその場その時だけの実用性を求め、使い古していくという消費的価値しか求めなくなった現代社会に対して、時代を経てきた建物に公共的な資産価値があることをどのようにして主張できるでしょうか。一つはかけがえのない文化財としての主張があります。建てられた時代が古く稀少であることや、現代では再現できない建設方法や技法が用いられているなどの理由から、さらに近代の場合は有名な建築家が設計した建物であることなどが評価されて、文化財の指定を受けることができます。ただし、そのような建物は地方自治体の指定を含めてもごく一部分です。点として存在するだけでは豊かな環境とはいえませんし、私たちの身の回りにはもっと多くの残していきたい建物があります。それらは放置すれば、災害だけでなく人為的な理由によって取り壊されていくことになります。

実際、まち並みや建物の保存を考えるとき、確かに戦災や自然災害によって多くの建物が消失していますが、戦後の高度経済成長期までは多くのまち並みや近代建築が日常的に残っていました。例えば、神戸の中心地である旧居留地と栄町通には昭和五四年（一九七九）の時点で約四五棟の近代建築が残っていましたが、阪神大震災前にはすでに約半分に当たる二〇棟が取り壊されており、震災で大破した建物は三棟だけでした。その後、震災を理由として取り壊しが加速し、現在では一五棟程度にまで減少してしまいました。このように、特に都市部に位置している近代建築については、建物の文化的な価値だけでなく、資産としての価値や耐震や設備上の性能などの工学的な評価も考慮していく必要があります。

保存と活用

いつのころからか、「保存」と「活用」は一対のものとして捉えられるようになりました。先行して使われていた文化財の概念である「保存」という言葉は、かけがえのない国民の遺産を末永く維持していくという目的を表しています。国ないし地方自治体の指定文化財は半永久的に残していくために修復され、建てられた当初のオリジナルな様態を残していくという努力がなされています。ところが先にも触れたように、近代建築やその延長上にある戦後の現代建築では、時代とともに必要とされる条件が変わることや、実用上変えざるを得ないことが生じてきます。ただオリジナルの状態にこだわっていては建物の存続が難しくなるのです。

文化的価値を持つ建物であっても、文化財として指定されたままでは、本来の建築としての役割を果たすことにはなりません。使われていくことにこそ建築の存在意義があり、維持も可能になるのです。近年では指定文化財ですら従来のような凍結的な利用ではなく、積極的な活用が模索されています。

しかし建物の歴史的価値と実用性とを両立させることは、それほど容易なことではありません。両立させるには、時間が経過していく間に生じてしまったギャップを埋めることと、歴史的価値を維持していくこととの間に接点を見いだす必要があります。もしそのギャップが物理的なものであれば、劣化した部位を修理（repair）したり、模様替え（rearrangement）で済みますが、耐震性能が悪い場合は、構造補強（retrofit）や免震化といった大がかりな工事が必要になります。構造補強を行うために外観が損なわれたり、内部の造作が失われることが往々にして起こります。機械設備が古くなった場合には、設備の取り替えだけで済めば事は簡単ですが、配管やダクトの入れ替えなど、大がかりになることがあります。照明ですら電球をＬＥＤに変えるだけでは済まず、配線やスイッチ位置の変更、非常用照明の設置など、時代が求める水準との間には思いもよらないギャップが横たわっているのです。

このように見ていくと、日本で歴史的建造物を維持していくためには、思う以上に難しいことが多いことに気づかされます。規制や法律を守りながら、時代とのギャップを埋めて活用していくには多くの困難があり、常に建物の歴史的価値と求められる要件との間で板挟みとなります。板挟みになるのなら、それは良心的な設計者といえるのですが、施主の要件を鵜呑みにしてしまう実務的な設計者も少なくありません。職業人として歴史的価値を守ろうとすることと、仕事として施主の依頼に応じようとすることの間には本来葛藤があるはずなのです。

実用性が失われれば建物を撤去して建て替えるという、土地にだけしか資産としての価値を置かない日本にあっては、一度失いかけた建物の生命を再び取り戻すというような表現として「再生」という言葉が好んで使われます。英語では「保存」は preservation（維持すること、長持ちさせること）、「活用」「再利用」は improvement（改善すること）が一般的で、「リニューアル」という言葉はあまり使われません。renewal で表されている内容は、urban renewal（都市更新）というような再開発の際に用いられているのですが、最近では同じ語源を持つ renovation という言葉が一般建築を含めて使われているようです。ただ、一般の人々の会話の中では「リニューアル」という言葉の方が圧倒的に通じやすい言葉として日本では定着しているようです。

英語では、日本でいう歴史的建造物の「保存・再生」というニュアンスに近い言葉は rehabilitation でしょう。不自由になった体を再度トレーニングして日常生活に戻ることですが、これまで記してきた建築物のライフサイクルからも、最も適切な概念といえます。煉瓦造、石造が多く残る欧米では、日本と違って恒常的に手が加えられ、建物の価値を保っていくことが普通の活動であり、再生というような大げさな表現は必要としないのかもしれません。英語と日本語、和製英語との意味の違いには、日本での建物の「保存・活用」の特殊性が表れているように思われます。

歴史的建造物をめぐる議論で用いられる用語

	用　語	英語表記	内　容	事　例
再　建	新築（再建）	rebuild	古い建物を除却して、建て改めること	丸ビル
	復元	reconstruction	なくなった建物を元のように再建すること	三菱１号館
維持管理、日常的な修繕	維持管理	maintenance	小規模修理を含む日常的維持管理	
	修理	repair	大小修理をすること	
慣用語	リフォーム	reform	社会制度や体制の改革および整備	
一般建築の改修	模様替え	alteration rearrangement	主要構造の大きな変更を伴わない、仕上げや間仕切りなどの変更	霞ヶ関ビル
	改修	refurbishment	当初の水準にまで改善すること	
	モダニゼーション	modernization	内外装や設備の改修	
	更新、再生	renewal	劣化した部材や設備を新規に取り替えること 都市再開発（日本では広く用いられる）	全保存、再生事例
用途変更	コンバージョン	conversion	当初の用途を変えること	千葉市立美術館
増築	増築、増設	extension	建て増すことまたは別棟を付設すること	明治生命館
歴史的建造物や指定文化財等の保存で用いられる用語	補強	retrofit	構造補強 Retro＋fit	耐震改修
		reinforcement	構造補強	
	再生	renovation	古い建物を現代の条件に合わせ、機能を回復させること	東京駅
		rehabilitation		
	修復	restoration	文化財の復原および修復	法務相旧本館
	改修	improvement	利用価値を高め活用を図ること	
	修復（復原修理）	preservation	文化財を維持するために保存、修復するなどの措置	
	保全	conservation	保護措置	

（注）日本建築学会編『建築物の改修の考え方・同解説』所収 、表 1-1「改修関連用語」を元に作成

右表は歴史的建造物をめぐる議論で用いられる用語をまとめたものです。ここでは、日本で一般的に用いられている「保存・活用」がimprovement、「保存・再生」がrehabilitationと同義だということを確認しておきましょう。

時間のギャップを埋める

それでは実際にどのような状態を目指すべきなのかというと、なかなか明確な指針は定まっていません。当初建てられた状態から時を紡ぎ、時間とともによくなっていくような維持管理や改修が理想ですが、日本ではなかなかそうした事例が思い当たりません。

閑谷学校（提供：（公社）岡山県観光連盟）

例えば閑谷《しずたに》学校のような文化財は、江戸時代に建てられて以来、心を込めて維持されてきました。常にぬか袋で床をふき、修養の場として大事にされてきたのです。その結果今でも美しく光る床が維持されているのです。しかしこのように良好に維持されている建物は、宗教建築、教育施設を除けばあまり多いとはいえません。

実用的な建物でも大阪の綿業会館のように大事に維持されているものはあるのですが、多くは土地の有効利用という理由で建て替えられていきます。のちに触れる東京駅周辺の建物となると、なおのこと難しい条件が立ちはだかっています。東京銀行協会や日本工業倶楽部などがそうした建て替え例であり、多くは指定文化財に移行することでようやく持続性が確保されます。

ところで、文化財建造物で行われる修復にせよ、一般的に行われる再生工事にせよ、どちらも建物の自然な時間の経過を人為的に変化させるということでは同じ行為であることには注意を要します。つまり建物の自然な成り行きに「干渉する（intervention）」ということでは同じなのです。しかし保存という目的では、復原*という作業に代表されるように、時間を凍結したり戻したりすることが求められ、使い勝手に関しては我慢することが常識とされてきました。しかし再生はその時代の中で生きていくための再スタートの処置であり、歴史的な建造物が時間を経る中で生じてしまったギャップを埋めることが目的であるので、時代とともに生きていくための方策といえます。再生ではあくまで将来に向けての志向が優先することになるのです。

しかし再生のためにも保存的手法は求められます。最初の再生が失敗したら、もう何の価値もないような状態になるのではいけないのです。何度でも再スタートができるように、加えられた手入れが常に可逆的であることが求められます。それが二度と元には戻ることができないビフォーアフター*との違いなのです。

＊復原：改修等で形が変わっていたものを当初の姿に戻すこと、あるいは旧部材や文献などに基づいて再現すること。　**＊ビフォーアフター**：老朽化してさまざまな問題を抱えた家を、一流の建築士である「匠」たちの見事なリフォーム術により劇的に大変身するさまを扱ったテレビ番組。

歴史的建造物の維持についての世界的なキャッチフレーズは minimum intervention（最低限の干渉、手入れ）です。つまり自然な時間の経過をできるだけ変えないような処理を評価するという姿勢です。そのために利用されていく中で行われてきた改変は、時間を経過してきたことの証として尊重され、利活用に際して大きな改変が必要とされる場合には、改変前の状態に戻し得るような可逆的な処置が求められています。

このようにみていくと、保存と再生は力点の置き方が違うだけなのですが、選択される手法は大きく異なり、質的な差異を伴ってきます。指定文化財の場合は最も優れた建物一つだけが代表（representation）として選ばれますが、その周辺を形成している第二、第三、そしてより多くの建物を残し、一体の歴史的環境として残していくためには、指定文化財の保存的手法だけでは不十分です。建物は単体として優れているものから、脇役的なもの、集合的に寄与するものまで含めて環境を形成しています。活用を前提とした再生というある程度の「干渉」が求められ、そして同じ干渉をするのであれば、よい干渉が求められます。そこに建築家のセンスが必要とされるのです。

それは職能の差としても現れています。国指定の重要文化財では、保存は一定のトレーニングを受けた文化財主任技術者資格が求められるのに対し、未指定の場合は建築士の有資格者が担当することになります。近代建築のように利活用や強度上のチェック、見栄え

よみがえった東京駅の全景

修復工事前の東京駅

のよさが求められる場合はどちらか一方では不十分であり、資格はさて置いても両者の能力が求められるのは言うまでもありません。

東京駅周辺の再生事例から

今までの話を具体的に事例から見てみましょう。全国的に見て多様な歴史的建造物の保存・再生事例が残る街は、函館、小樽、横浜、神戸、長崎です。ここではもう少し身近な東京駅周辺を見てみましょう。

まず一番新しい再生事例として注目されているのが東京駅です。巨大なだけでなく厳しい機能上の要請があり、しかも建物を使用しながら工事を進める難しさは、これまでの再生事例の中の筆頭でしょう。東京駅は戦災を被り、戦後簡易に修理された建物です。内部はそれ以上に保存状態が悪かったのですが、煉瓦の一、二階の躯体《くたい》*はよく残っていました。しかし、これほど高い地価の場所にあって低層の駅舎を保存することは、資産の有効利用というこ

＊**躯体**：建物の主要な構造体、骨組みのこと。構造強度に関わる部分。

復原された東京駅のドーム天井

修復工事前の東京駅のドーム

とでは大変難しい決断であったろうと思われます。特に民営化された組織では、会社の責任を問われかねないことです。

今回このような英断が可能となった背景として、まず*容積率の移転が可能となる法整備ができたことが挙げられます。東京駅を重要文化財とすることでこの法律の適用対象となり、しかも周辺にその容積率を吸収し得る余地があったことも幸いしました。そうした幾つかの条件が整わなければ、この計画は頓挫したかもしれません。関係した人々の調整と連携が生み出した稀有な事例といえるのかもしれません。

東京駅は実用性の極みともいうべき条件が求められますが、一方では重要文化財としての復原の正確さも求められます。その葛藤の場は両翼を飾るドームでしょう。ドームを支える柱や梁は現代的にアレンジした鉄骨となっていますが、ドーム自体は当初のような古い技法で再現されています。歴史性と耐震性や使い勝手とのはざまで得られた解決策であり、今後時間をかけてその是非を論じていくことになるでしょう。

＊**容積率の移転**：一定の区域内において、ある敷地の容積率の一部を別の敷地に売買等により移転させることができる制度。特例容積率適用区域制度として平成12年に創設された。

ビルと一体化された
東京中央郵便局

丸の内パークビルディングのアーケードと壁のコーナーに残された旧丸の内八重洲ビル

東京駅と逆の事例は、東京駅の丸の内の西にある東京中央郵便局です。大阪中央郵便局と並んで旧逓信《ていしん》省建築を代表する建物であり、大きな盛り上がりを見せた反対運動のあった建物です。結果は一部の壁面を残していったん取り壊されたあとに、元の外観に似せた低層部を置き、その背後にＪＰビルと呼ばれる超高層建築が建設されました。いわゆる外壁保存（一スパン保存）、少し俗な言い方では腰巻き保存と呼ばれる手法が採られました。カウンターのある一階営業室の八角形の柱にも当初の石材が用いられていますが、都市景観としてこの低層部が残った意味については、今後検証していく必要があるでしょう。保存の要望と新しい経営的な判断との妥協の産物となっていないことを願うばかりです。

この東京中央郵便局の北の通りを西に向かうと丸の内八重洲ビルと呼ばれた大正期の建物の一部が見えてきます。木村拓哉主演で検事の活躍を描いたテレビドラマ『ＨＥＲＯ』の検事事務所と言った方が分かりやすいかもしれません。この建物を含めて三菱丸の内街

復元された三菱１号館

の面目一新を目指した再開発によって、このような部分だけとなってしまいました。その代わりに行われたのが、学会の強い保存要望に反して昭和四三年（一九六八）に取り壊してしまった、三菱一号館の復元（reconstruction）でした。復元ですから取り置きされていた一部の元の部材以外は全て新たに造られました。正確な図面もないので、これが正しいという反証もなかなかできませんし、建物の裏側は使い勝手と隣接するビルとのバッファ（緩衝）となる広場を置いているので、かなり旧状とは違ったものになっています。今確かに残っている丸の内八重洲ビルを毀損《きそん》してまで一度取り壊した建物を残すべきかという議論があったことは見逃してはなりません。それは歴史的建造物をめぐる重要な論点の一つです。

三菱一号館を右手に見ながら皇居の手前で右折すると、明治生命館があります。この建物は昭和九年（一九三四）に岡田信一郎によって設計された名建築の誉れの高い建築です。しかしこの建物は、明治二八年（一八九五）に建てられた、日本の建築家の自立を象徴する初代明治生命館を取り壊して建てられたものです。この時コンドル*とともに設計を担当

＊コンドル：ジョサイア・コンドル（1852年～1920年）はロンドン出身の建築家。お雇い外国人として来日し、政府関連の建物の設計を手掛けるとともに、工部大学校（現東京大学工学部建築学科）の教授として、辰野金吾ら創成期の日本人建築家を育成した。

した曾禰《そね》達蔵《たつぞう》は存命でした。彼は取り壊しに強くは反対していないのですが、ややあきらめのような発言を残しています。会社の躍進とともに規模として一回り大きな社屋が必要になったのでしょうが、丸の内の草創期を代表する建物であり、それも建てられて四〇年にも満たない建築を取り壊したのですから、この時の保存問題は明治以来常に走り続けてきた日本のその後を暗示するかのような事件であったといえるでしょう。

明治生命館と後ろに増築された高層の事務棟

その岡田信一郎の建物も建てられて八〇年近くを経て、やはり手狭になっています。今回は前回のように取り壊すのではなく、皇居に面した旧建物の背後に新しく超高層建築を増築して必要な面積を確保しています。三階以上の業務空間を使用しつつ、一、二階を公共性の高いホールとして開放するなどの措置を行っています。

外観を含めて旧状を残すことができた背景には、まず旧館が国の重要文化財に指定されることによって、隣地に建てる超高層に旧本館の容積率の未消化分を上乗せできたことがあります。つまり歴史的な遺産を残しつつ旧本館を修復保存（preservation）することができたのです。もし戦前期の建て替えの時にもそうした発想があれば、歴史遺産は二代にわたって残すことができたはずです。

ビルをまたがせることによって残された
旧日本工業倶楽部

旧東京銀行協会の外壁が残るビル

明治生命館のファサード（建物正面）を飾る見事なジャイアントオーダー*を見ながら皇居の堀端を東に進むと、東京銀行協会という二階建ての建物が見えてきます。横河工務所（担当松井貴太郎）による設計で、大正五年（一九一六）建築の瀟洒《しょうしゃ》な建物でしたが、塔のある外壁二面だけが新しい建物に張りつけたように残されたのです。部分保存という日本でよく使われる手法ですが、建物全体として悪い保存というべきでしょう。この建物は全国の銀行組織が共有する建物なので贅《ぜい》を凝らしたすばらしい内部意匠が残っていたのですが、部分的にしか残すことができていません。

さらに東京銀行協会ビルの手前で東京駅の方に曲がると、左手に日本工業倶楽部の旧館を取り込むように建つ不思議な超高層建築が見えてきます。東京銀行協会に比べると、まだ玄関から内部への連続性や階段室周りの全体性が残っているのでよいのですが、正面の外観は不思議な印象をぬぐえません。

＊**ジャイアントオーダー**：オーダーとは古代ギリシャ建築に由来する柱、梁の基本的な形式であり、複数階にまたがるものを指す。

このほかにも、明治生命館から皇居を時計回りに回っていくと、あのGHQ最高司令官総司令部本部が置かれた第一生命館や、復原的な改修が加えられた旧司法省庁舎（現法務省）があり、日本橋の方に行くと旧三井銀行本館があるなど、東京駅周辺は日本を代表する近代建築が多く残っています。

ビルディングタイプからみた保存再生事例

三菱一号館や帝国ホテルといった優れた近代建築の保存が世間の注目を集め始めたのは、一九七〇年代のことです。高度成長期を経て都市の地価高騰や経済活動の活発化の中で、都心に建つ近代建築物の多くが取り壊され、再築されることになりました。故村松貞治郎博士の主導の下に全国に残る近代建築の調査がなされ、『日本近代建築総覧』が出版されたのは昭和五五年（一九八〇）のことです。この時にリスト化された建物の多くが取り壊されてしまいましたが、再生され残った建物には、ビルディングタイプ（建物種別）によって幾つかの傾向が見られます。

◇工場、倉庫

工場や倉庫は建物の内部が単純なので大きな空間として利用することもでき、必要に応

ドックランズの風景（イギリス）

アイビースクエア（倉敷市）
（提供：（公社）岡山県観光連盟）

じて間仕切って用いることもできます。煉瓦造や伝統的な木構造の持つ落ち着いた雰囲気や外観に癖がないことも、再利用と活用が多くなされる理由です。倉敷紡績の工場を宿泊、観光施設として改修したアイビースクエア（昭和四八年（一九七三））は成功した先行例としてその後の再生に大きな影響を与えました。歴史的建造物の再生という課題が建築家の俎上《そじょう》に上がるようになったのも、この建物あたりからではなかったかと思います。

一九七〇年代になると繊維不況や重厚長大企業の衰退といった事態と連動して、臨海部に立地していた工場が閉鎖されたり、一帯の敷地の再開発といったことが注目されるようになります。イギリスのドックランズ（一九七一年～）やサンフランシスコの港湾施設が再利用され、いわゆるウォーターフロントの開発として脚光を集めるようになります。日本でも同じように重厚長大産業の整理を受けて、一九七〇～八〇年代ごろから横浜の「みなとみらい二一」や神戸の「ハーバーランド」などの再生計画が始まりました。そうした港湾施設の中でも煉瓦造、石造の倉庫は懐かしさや親しみがあることから、計画の象徴的な事業として全国的に再利用が図られてきました。中でも優れたデザインで全国の模範となった建物として函館の金森倉庫群があります。その後神戸では煉瓦倉庫レストラン（平成二年（一九九〇））、横浜では赤レンガ倉庫（平成一四年）の再利用、また舞鶴では平成一九年に旧鎮守府倉庫を利用した一二棟の煉瓦造の建物の再利用が行われています。

いくつかの代表的な事例を見てみましょう。

金森赤煉瓦倉庫（函館市）

函館金森赤煉瓦倉庫

函館は江戸末期の開港地であるだけに、多くの近代建築が残っていますが、ここで取り上げたい建物はやはり金森赤煉瓦倉庫群です。赤煉瓦倉庫群が建ち並ぶ函館港西波止場の一角が再開発され、観光のメッカとなっています。昭和六三年（一九八八）のヒストリープラザへの改修を端緒として、以後ＢＡＹはこだて、金森洋物館、金森ホールなどへの改修を終えています。全国に残る赤煉瓦倉庫の活用として見ても最も大規模で、保存・再生のデザインとしても秀逸な事例となりました。再生のための設計は岡田新一設計事務所が担当しています。

観光客で賑わう小樽のまち並み

小樽運河沿いの石造倉庫群

小樽では運河の保存か運河をつぶして道路を敷設するかで市を二分する議論が十数年にわたって戦わされました。結局昭和六一年（一九八六）に運河の半分を埋め立てて散策路が造られました。結果的には運河を残し、その運河に沿って建てられていた倉庫群を観光施設として活用したことで、小樽の観光事業は大きく飛躍することになりました。現在では戦前期の北の商都の威光を示す近代建築だけでなく、伝統的な民家を含め多くの歴史的建造物の活用がなされています。

都市に残る歴史的建造物は、その都市が飛躍したときに多く建てられ、その時期の建物が最も質が高いのです。ルネサンス期[*]のフィレンツェ、ビクトリア朝[*]時代のイギリスなど、その時の建物を大事にすることでその都市の格式が維持されるのです。小樽もそうした歴史遺産を活用したことで、港湾都市、商業都市から観光都市へと脱皮することに成功しています。もし運河を埋め立て、石造倉庫を壊していたら、小樽の魅力は半減していたのではないでしょうか。

＊ルネサンス期：古代ギリシャや古代ローマなどの古典文化を復興しようとする歴史的文化運動が行われた14世紀から16世紀を指す。

＊ビクトリア朝：産業革命による経済発展が成熟に達したイギリス帝国の絶頂期であり、ビクトリア女王が君臨した1837年から1901年の期間を指す。

ドックヤードガーデン（横浜市）

横浜赤レンガパーク

横浜のドックヤードガーデンと赤レンガ倉庫

横浜は関東大震災と第二次世界大戦の戦災により、近代都市として蓄積してきた多くの建物を失いました。しかしそうした災害から運よく残った建物や、その後に建てられた昭和戦前期の建物を残してきたことで、おそらく今では神戸をしのぐ近代建築の集積地になったと思われます。その中で旧横浜船渠《せんきょ》の石造の第二号ドック（明治二九年〜三一年）と旧新港埠頭保税倉庫（通称赤レンガ倉庫、明治四四年〜大正二年（一九一一〜一三））は横浜の港湾施設利用として最も成功した事例といえます。特に二号ドックはみなとみらい計画の中心施設となる横浜ランドマークタワーの敷地内にドックヤードガーデン（平成五年（一九九三））として再生されました。段々状の形態を広場として利用するという従来の機能を反転した利用法は、まさにコンバージョン（用途変更を伴う改修）の典型といえるでしょう。

もう一つの旧新港埠頭保税倉庫は商業、展示などに用いられる施設（通称赤レンガパーク、平成一四年）に再生されています。

赤煉瓦レストラン（神戸市）

石の美術館（栃木県那須町）

神戸の赤煉瓦レストラン

神戸の赤煉瓦レストラン（旧日本貿易倉庫、明治三一年（一八九八））は横浜に比べると規模は小さいのですが、神戸駅の南に広がるハーバーランドの歴史を象徴する施設として再生されました。煉瓦造の内部を鉄骨のフレームで構造補強したもので、レンガ壁そのものを残したことで内外の一体性が保たれています。レンガ壁自体を補強していないので現行の建築基準としては不完全ですが、アメリカでも用いられている実効性のある手法といえます。

石の美術館

隈研吾《くまけんご》によって再生デザインがなされた建物として有名です。農業用の倉庫を利用し、その地域の特産である石材と水面を利用した、小品ながら気品のある提案です。C・スカルパ*のブリオン・ヴェガ*を彷彿とさせるような水と石の構成と、小さく切り出された石材を積み上げスリット状にして光を演出するなど、細部にこだわったデザインとなっています。中心となった倉庫は伝統的な

＊**C．スカルパ**：カルロ・スカルパはヴェネチア生まれの建築家（1906年～1978年）。既存の建物改修を多く手掛けた。
＊**ブリオン・ヴェガ**：イタリアの工業界で財を成したブリオン家一族のための墓地に設けられた廟。

石蔵ですが、簡素な造りであることが逆に建築家の意図をそのまま体現できる要因となっています。

◇公共建築

公共の近代建築はその都市や地域の中心となる施設であり、その目的からしても威厳や格式のある表現を採っています。多くは国や地域の文化財に指定され、再利用の方法の多くが公共性を引き継いだものとなっています。再利用としては博物館、資料館、美術館が圧倒的に多く、構造形式も木造、煉瓦造、鉄骨造、ＲＣ造など建設年代とともに変化していますが、内外ともに欧米の建築様式を踏襲した形式、装飾を有しているのが一般的な傾向です。再利用する場合には均質的につながる部屋配置をどのように利用するかが重要であり、間取りの変更があまりできない中で、空間を見立てて計画していく必要があります。

地域の歴史を象徴する建物として文化財に指定され、内外に大きな変更を加えずに記念館や博物館などとして利用されているものが全国的な特徴として見られます。北海道庁旧本庁舎（明治二一年（一八八八）、資料館等）や旧函館区公会堂（明治四三年、建物公開）、旧名古屋控訴院地方裁判所区裁判所庁舎（大正一一年（一九二二）、資料館）、旧開港記念横浜会館（大正六年、開港資料館）、旧福岡県公会堂（移転、明治後期、貴賓館）、旧山口

中京郵便局（京都市）

旧山口県会議事堂

県会議事堂（大正五年、建物公開）、法務省旧本館（明治二八年（一八九五）、資料館および研究施設）、新潟県旧県会議事堂（明治一六年、県政記念館）など多くの事例があります。

中京郵便局

構造補強の方法や利用方法として新しい発想が見られる公共建築としては、京都の中京郵便局が早い時期の事例として注目されます。この建物は京都の三条通という狭い街路に建っているために建物全体を見通すことはなく、外壁を保存することが周囲の景観の維持に大きく寄与しました。いわゆる壁面保存と呼ばれる手法です。しかしこの方法はその後の保存と取り壊しの綱引きの妥協点として、外壁だけを残せばよいという安易な発想の前例となっていきます。建物としてはほとんど全部を壊しているのに、部分である外壁だけを残すことで保存という言葉が用いられることは、論点を隠してしまうことになっていると思われます。

旧兵庫県庁舎全景。屋上庭園は中庭を増築したもの

神戸税関旧館の検査室を中庭に減築

神戸税関

近年の例としては、免震構造を採用して躯体全体の補強を図った大阪市中央公会堂（大正七年（一九一八））が注目されます。また神戸税関が新旧の建物を一体化する大胆な試みを行っています。神戸税関では旧館で用いられている形態言語*を新館でも用いることで一体化を図り、旧館の中央にあった検査室を減築することによって新館のアトリウム*として利用しています。旧館の全体性は失われましたが、主要部である円塔とエントランス（玄関）周りが保存されています。

旧兵庫県庁舎（兵庫県公館）

このほか、旧兵庫県庁舎（明治三五年（一九〇二）、兵庫県公館）では口の字型の中央にあった中庭を大会議室として取り込むことによって迎賓館としての機能を確保しています。旧兵庫県庁舎は一度は戦災により外壁だけになったものを、

＊**形態言語**：建築物を構成する形式や定型的な要素を言葉に例えて用いている。
＊**アトリウム**：ガラスなどの光を通す材質の屋根で覆われた大規模な空間。

戦後に繕って庁舎として利用してきたのですが、屋根を含めた外観を修復し、内部を迎賓館、資料館として整えたことによって新たな役割を持った建物として再生したのです。

旧兵庫県庁舎に比べ、同じように利用されてきた神戸地方裁判所は、外壁三面のみを残しただけの消極的なデザインとなりました。デザインとしてもいわゆる外壁保存の悪い面が指摘されます。

旧京都中央電話局（現新風館）

旧逓信省電話局の再生

戦前期、旧逓信省*営繕課は吉田鐵郎《てつろう》（明治二七年～昭和三一年）、山田守（明治二七年～昭和四一年）などのそうそうたる建築家が活躍した組織でした。大正末期からの電話の普及とともに中継局の建設が相次ぎました。全国的にも多くの庁舎が建設されましたが、交換機のダウンサイジングや自動化と電信事業の民営化により、多くの施設が転用されることになりました。当時の電話局はほぼ定型的なプランを持っており、一階の窓口業務のための空間を除けば、その機能のほとんどは一般客の目に触れない交換機のための大部屋と、そこ

＊逓信省：第二次大戦中までの郵便や通信を管轄した中央官庁。

で働く女性職員の部屋であり、倉庫や工場と似た飾らない空間が占めていました。電話局の再生として注目されるのは旧京都中央電話局であり、複合商業建築の新風館として思い切った用途変換を行っています。L字型のプランの中庭側を開放的な通路とし、中庭には円形のステージを設けて催し広場に仕立てています。そのほかにも旧芦屋郵便局電話分室と旧姫路郵便局電話事務室は結婚式場へと用途を変えています。また門司郵便局電話分室は電信電話の資料館として一階を模様替えしています。

旧明倫小学校（京都市）

◇教育施設

公共建築としてその存続がいつも議論されるビルディングタイプに、教育施設があります。近年では滋賀県の豊郷《とよさと》小学校の保存をめぐって、町長と町民の対立が起こりました。結局町民の要求がほぼ通りましたが、名古屋市の県立旭丘高校の存廃をかけた運動では、裁判所が文化財として認める判例を出しながら、市民の要求が通ることはありませんでした。

全国的にも学校や学舎は国や地方自治体指定の文化

アートプラザとして再利用されている旧大分県立図書館

国際子ども図書館（東京都台東区）の外壁に設けられた新たなガラス壁

財となっている場合が多く見られます。長野県の旧開智《かいち》学校（明治九年（一八七六））や静岡県の岩科《いわしな》学校（明治一三年）、宮城県の旧登米《とよま》高等尋常小学校（明治二一年）など枚挙にいとまがありません。その中で、あまり改修を加えずに芸術文化活動のための新しい多目的施設として生まれ変わった京都の明倫小学校の事例は、重要な示唆を与えてくれます。教室や廊下をそのままアトリエや展示場、喫茶室などに利用することで、何となく他の施設とは違う雰囲気があり、利用者にとっても美術館とは違う気軽さを醸し出しています。何室もの教室がさまざまに利用されることによって、単一の施設では得がたい異種のジャンル間の出会いの場ともなっています。明倫小学校の再生について、私は雑誌に「変化させないことの意味」という一文を寄せたことがありますが、まさに変えないというデザインに潜む積極的な意義が評価されます。

　教育施設にはほかにも図書館や美術館などがあります。建築家の安藤忠雄が監修した旧帝国図書館から国際子ども図書館への用途変更や、現代建築でも磯崎新《あらた》の旧大分県立図書館からアートプラザへの用途変更があります。どちらも内外装の改修やプランの一部変更、構造補強等がなされています。

◇銀行、事務所建築

歴史的建造物の保存を考えるときには、その建物の用途に大きく左右されます。公会堂のように多くの人々に利用されてきた建物は、残したいという世論が保存の後押しをしてくれるのですが、事務所や銀行はその立地や建築史上の重要性にもかかわらず、保存・再生が難しい建物の筆頭に挙げられます。敷地の地価高騰や実用的判断が優先することから、通常の文化的価値だけでは聞き入れられない場合が多いのです。そのために東京駅周辺に見た建物保存のような、容積率移転などの法的、行政的インセンティブが必要となります。そうした経済的な条件が整わなければ、取り壊しや部分的な残し方に終始することになるわけです。

歴史的建造物の保存・再生が新たな文化的、創造的価値を生み出すかどうかは、大きな問題といえます。保存・再生が歴史を専門とする者の狭い主張ではなく、文化的資産として継承していくことであり、できれば新たな価値を生み出す創造的な行為であるためには、よほどしっかりとした原則を社会的なコンセンサスとして共有していく必要があります。

旧川崎銀行横浜支店

旧川崎銀行千葉支店

銀行は公共建築同様に、建物自体が銀行の信用と直結しているので、内外ともに格式を重視した造りとなっています。銀行は一流の建築家が力を競う場でもあったわけです。当然のことながら建築的な価値は極めて高く、支店クラスの銀行でさえほとんどが文化財としての価値を有していましたが、厳しい経営方針の下に多くが取り壊され、新しい建物へと変わっています。

京都の四条烏丸の四つ角にあった四つの銀行は部分的にしか外観をとどめていません。大阪や神戸でも状況は同じですが、千葉市立美術館は旧川崎銀行千葉支店の営業室を取り込んで、古い建物の四周をホールとして残すことで新しい要件との接点を見出しています。横浜の旧川崎銀行横浜支店では、ビルの外観を古い銀行の形式に合わせながら、外壁の一部を新しいビルの壁面に組み込んでいます。壁面保存の比較的成功した事例といえるでしょう。

◇産業遺産

産業遺産の中には、先に取り上げた赤レンガの倉庫や工場のように都市部に位置するのではなく、人里から離れた場所に残るものも少なくありません。近年全国的な産業遺産調査が進み、その重要性が認められるようになってきました。その中の幾つかに優れた提案が見られます。

代表として取り上げるなら、岡山県の犬島《いぬじま》の旧製錬所を美術館として再生した「犬島精錬所美術館」でしょう。旧製錬所で用いられたカラミ（製錬の残滓《ざんさい》）や石材をうまく利用しながら、しかも自然の気流を利用した通気調和システムを導入するなど、これからの産業遺産の再利用に明確な方向性を示した作品として注目されます。デザインを担当した三分一博志《さんぶいちひろし》は自然の力を利用したエコロジカルな作風で知られる建築家です。

歴史的建造物の持続的活用を目指して

社会科学者のJ・ハーバーマス*は近代という時代を未完のプロジェクトと呼びました。その認識を借りるなら、日本の明治以降の近代建築は、まさに未完のプロジェクトそのものであったといえます。なぜなら建築物という社会的、技術的産物でもある対象を、政治的判断によって歴史も風土も全く異なる日本という地に西欧からそのまま移植したからで

＊J．ハーバーマス：ユルゲン・ハーバーマス（1929年～）はドイツの哲学者で公共性論やコミュニケーション論の第一人者。

す。それは気候風土に合っていないということにとどまらず、地震や台風といった天災への配慮もないままの移入でした。そのほか、建築家が自覚さえしていないものもさまざまな問題を残したまま移入されてきました。分かっている課題については当時の建築家の努力により少しずつ修正されてきましたが、多くの未解決の問題が残されています。

例えば鉄筋コンクリート造の独自の理論が確立されるまでの耐震性の問題や、水仕舞《みずじまい》*や湿度の問題など多くが解決を必要としています。それらの問題はいわば日本の近代建築特有の「弱点（vulnerability）」であり、持って生まれた持病のようなものとも見なすことができます。

保存・再生においては、こうした固有の弱点についての理解が不可欠であり、首尾よく対処することで日本という国への近代建築の移入という未完のプロジェクトの一端がようやく解決されることになるのです。

政治的に主導されてきたにもかかわらず、近代建築は社会的には意外にも素直に受け入れられてきました。しかし定着させるという点では成功したとはいえません。その一つの要因として積み残してきた問題（持病）への対処を怠ってきたことがあります。新しい工学の開発に追われ、不十分な建築を満たしていくための保存工学といった方面の研究が等閑視されてきたことと、全く予想もしなかった経済原理の出現に対処できなかったことが

＊**水仕舞**：雨水の建物内への侵入などを防ぐ方法。

挙げられます。驚くほど親しまれてきた建物が、公共と民間とを問わず簡単に壊されてきた背景には、もちろん制度の不備もありますが、残すことができたものの多くは文化財としてだけで、再生の魅力や可能性を提示できなかったことも大きな要因として考えるべきでしょう。

近代建築という存在は、社会から取り残されていたというより、まだ完成していなかった課題であったと考えられるのです。個別の保存運動ではなく、もっと集合的な課題として扱うことができたはずであり、都市の中に重層的に残していく努力が求められていたのです。そのことを明らかにしたのが阪神大震災という予期しなかった事態でした。

私たちはこれまで新しさという指標にあまりにも過剰な価値を置いてきたように思われます。モダニズムが過去との離脱を目指し、新しい造形の基礎を築いて以来、建築家は歴史や時間の経過についてあまり考えなくなりました。日本人の建築に対する考え方もそれを助長してきたように思われます。「キレイ（綺麗）」という言葉が何らかの新しさを意味しているように、多くの人々は身の回りをきれいにするために新築という方法を選びました。しかし日本には新たな更新に価値を置くだけではなく、「さび」という時間を経たものに抱く美意識もあったはずです。何よりも客観的な事実として、すべては時間を経ていくものであるとするなら、建った時の一瞬の美しさとともに、時間のみが創り出すことができる持続的な価値にもう少し目を向けてもよいのではないでしょうか。

建物は建った瞬間から人々の行為の場として記憶をとどめていきます。長い時間を経た建物は記憶の容器《うつわ》であり、現在と過去を結びつけるという、直接の機能とは違った重要な側面があります。建物は時間が経てば確かに物理的な性能は衰え、利用する立場からすれば現実の行為との間に乖離《かいり》を生み出していくことになります。しかしもし建築家が保存・再生の可能性に目を向けるなら、時間の経過の中で造り出してしまったギャップに橋を架けることができるはずです。

人の一生が世界一長い日本で、その例えとして出される建物の生命がもっとも短いのは何とも皮肉な現象と言わざるを得ません。また「形あるものはいずれ滅びる」といった日本的諦観のような論理で、建物の役割を過小評価することは最も避けるべき発想です。

過剰な消費時代が一段落した今こそ、もう一度歴史的な建物や環境の果たしている役割を考えてみてもよいのではないかと思われます。なぜなら右肩上がりの成長神話から、成熟した持続可能な社会形態を目指していくことが求められている時代にあって、歴史的建造物の保存はそのための有力な可能性の一つだからです。

第二部

中国地域のよみがえる建築遺産

倉敷アイビースクエア（岡山県倉敷市）…【明治期の工場→ホテル、文化施設等】

新設された正門と保存された紡績工場時代の外壁

倉敷代官所、倉敷県庁

倉敷アイビースクエアはＪＲ倉敷駅の南東約一キロメートルにあり、*倉敷川畔《くらしきがわはん》伝統的建造物群保存地区の南東に接するとともに、その敷地自体も倉敷市伝統美観保存地区に指定されている。

倉敷アイビースクエアの敷地の北部には、明治時代に紡績工場ができるまで小高い丘があり、戦国時代には倉敷古城または小野ヶ城と呼ばれる城があったと伝えられている。この山に祀《まつ》られていた城山稲荷は現在アイビースクエア正門前に移され、地元住民や*クラボウ関係者の信仰を集めている。

寛永一九年（一六四二）、倉敷一帯は幕府領になり、この地に倉敷代官所が置かれた。慶応四年（一

＊倉敷川畔伝統的建造物群保存地区：文化財としての建造物を単体ではなく群で保存する重要伝統的建造物群保存地区の一つで、平成24年12月現在、国内に102地区が指定されている。　**＊クラボウ**：倉敷紡績株式会社。大阪市に本社を置く繊維製品の大手メーカーで、現在の倉敷市で創業した。倉敷アイビースクエアは旧本社工場の跡地を活用して建設された。

旧工場内部（改修工事開始前）
（提供：倉敷アイビースクエア）

倉敷代官所時代の堀跡

八六八）の代官所廃止まで倉敷は*備中《びっちゅう》幕府領の中心として栄えた。その後代官所跡に倉敷県庁が置かれたが、明治四年（一八七一）には県庁も廃止になり、現在は一部に代官所の堀跡と井戸を残すのみである。

倉敷紡績本社工場

明治になり沈滞していく倉敷を危惧した三青年（大橋沢三郎、小松原慶太郎、木村利太郎）が発案し、大原孝四郎をはじめとする倉敷村の資産家の出資により、明治二一年（一八八八）、有限責任倉敷紡績所が創立された。明治二二年には、倉敷本社工場が竣工し操業を開始する。代官所跡から紡績工場に変わったのである。

倉敷本社工場は、*石河正龍が英国ランカシャーの工場をモデルに設計した。煉瓦やガラスなどの建材は、日本の産業の草創期のものが使われ、当初の敷地面積は約二ヘクタールであった。倉敷紡績所は最新鋭の精紡機を導入して良品質な製品を生産し、中国への輸出も開始するなど、紡績会社として発展していった。倉敷

＊**備中**：かつて日本の行政区分であった令制国の一つで、岡山県西部の地域。
＊**石河正龍**：幕末明治の紡績技術者。奈良県に生まれ江戸と長崎に学ぶ。鹿児島藩に招聘され、島津斉彬の遺志を継いで日本最初の紡績工場となる鹿児島紡績所を建設した。明治以降は新政府の技師、各紡績会社の技術指導者として活躍した。

混打綿室外観。内外ともに状態がよく残っている部分

旧工場内部。高窓の角度はランカシャーの緯度に合わせた設計（改修工事開始前）
（提供：倉敷アイビースクエア）

本社工場も近接地を中心に土地の買収を進め、明治四二年に敷地面積は約七・三ヘクタールに達した。一つの紡績工場の規模としてはわが国でも有数の規模になった。

しかし、第二次世界大戦中の昭和一九年（一九四四）、倉敷本社工場は倉敷工業（昭和一九年～二一年までのクラボウの名称）万寿航空機製作所第二工場となり、海軍一式陸上攻撃機の翼を生産する工場に変わる。幸いにも戦災は免れるが、昭和二〇年の第二次世界大戦終結により操業を停止し、昭和二一年には休止工場になることが決定した。

アイビースクエアの先駆け

昭和二〇年の倉敷本社工場の操業停止から、昭和四八年の倉敷アイビースクエア事業化決定までの二八年間に、リノベーションのエネルギーを蓄える先駆けがあった。

第一の先駆けは、昭和二八年に設置されたクラボウ技術研修所であり、旧倉敷本社工場の福利施設（食堂、企業内

大原美術館児島虎次郎記念館

倉紡記念館

学校、分散寄宿舎の一部）を改修して設置された。これは旧倉敷本社工場にクラボウの研修機能が与えられたのである。これはクラボウが昭和一九年（一九四四）に本社を大阪に移したのちの、旧倉敷本社工場の一つの位置づけである。この研修機能の配置は倉敷アイビースクエア実現への先駆けになっていると考えられる。

第二は、昭和四四年に竣工、開館した倉紡記念館である。本来は社内の研修のための施設であったが、地元倉敷から公開を要請され、昭和四六年に一般公開された。倉敷アイビースクエアの文化、展示機能の先駆けとなった。現在はクラボウの管轄であるが、株式会社倉敷アイビースクエアが運営を担当している。

第三は、昭和四七年に開館した大原美術館児島虎次郎室である。煉瓦壁を生かしたこの建物は、昭和五六年に開館した大原美術館西洋絵画室、オリエント室と合わせて大原美術館児島虎次郎記念館と総称されることになる。大原美術館の一部ではあるが、倉敷アイビースクエアと一体性の深い芸術的要素を示す一郭となっているこれらの研修機能と展示機能が現在の倉敷アイビースクエアに引き継がれている。

倉敷アイビースクエアに向けての企画と決断

◇機運

旧倉敷本社工場の昭和のリノベーションを後押しした時勢としては、次のような状況があった。昭和四四年（一九六九）に倉敷市伝統美観保存条例が施行され、倉敷川畔の伝統的な町並み保存が制度化された。昭和四〇年～四五年ごろには倉敷への観光客が増大し始め、昭和四七年の新幹線新大阪岡山間の開通により激増した。同年には旧倉敷本社工場福利施設ゾーン（現在の城山稲荷やフローラルコートのある街区）の東端に倉敷市民会館（一九九六席）が竣工した。

『倉敷アイビースクエア二十年史』にも「地域住民の強行派の方からは、休止工場の存在が倉敷市の発展を阻害しているとの意見が出され、市側からもクラボウに対し、活用についての意向打診が寄せられた。（中略）倉敷市の文化連盟や商業連盟*からも同じような申し入れがあった」と、当時の強い要望が記されている。これらの状況と旧本社工場であるという企業の歴史的原点を踏まえて、昭和四七年、クラボウは再開発事業への着手を決定した。

＊**商業連盟**：商店街振興連盟の略称と考えられる。

考房としてのアイビー学館
（提供：倉敷アイビースクエア）

愛美工房（提供：倉敷アイビースクエア）

◇工房、考房、交房

クラボウの事業開発部門は、再開発の決定以前から外部企画会社と社内で平行して検討を進めていた。

企画会社の提案は株式会社日本創造企画によるものである。『倉敷アイビースクエア二十年史』によると「計画の基本構想として、広場を内に取り込んだ工房（アトリエ）、考房（セミナー）、交房（サロン）の三点を軸とするアイディアが出された」「工場の部分改造、あるいは全面解体などいろいろな観点から施設の具体的な活用方法が提示された」と記載されている。提案された工房、考房、交房は、その後クラボウ内の企画の中に組み込まれ、倉敷アイビースクエアの中に、愛美工房やアイビー学館、そしてレストラン、食堂、宴会場などとして実現していく。コーポレートマークもこの考えに基づきデザインされた。ちなみに株式会社日本創造企画は、田中友幸（東宝映画の『ゴジラ』『日本沈没』などの制作で著名）、東宝、三菱商事、三菱地所らの発起により設立された企画会社である。

クラボウ社内ではこれに平行して、修学旅行生向けの宿泊施設、企業社員向けの研修施設などの企画の検討が行われていた。

◇保存再生案に踏み切る

クラボウでは旧倉敷本社工場再開発について二つの案が策定され、議論が重ねられた。その一つは「休止工場施設を取り払って、新たに中高層ホテルを建て、周辺の土地を広く残して活用する案」、もう一つは「クラボウ発祥工場を保存し、再生してホテルを中心とする施設群として活用する案」であった。社内で相当な議論が行われたが、最終的に当時の田中敦社長の決裁により保存再生案に踏み切ることが決定した。現在から振り返ってみると決定的な分岐点であった。

◇ユニークな宿泊施設と文化施設に

昭和四七年（一九七二）一一月に発表された宿泊施設と文化施設の企画について、本リノベーションならではの個性的な点は次のとおりである。

①具体的にターゲットが絞り込まれた企画である。

②倉敷とその周辺の文化を、全国の人々により一層深く理解してもらうとともに、倉敷の地にふさわしい日本の伝統工芸を、実習を通じて理解してもらうことを目的とした、ユニークな宿泊設備と文化的施設を実現する。

交房の機能の一環を担うメインダイニング。小屋組は保存され高窓から光が入る（提供：倉敷アイビースクエア）

③宿泊飲食施設＝若い人、特に若い女性のグループが気軽に利用できる限り低料金にする。
④瀬戸内の豊富な海や山の素材を生かした和食をメインダイニングとする。
⑤学館＝西洋美術、吉備路、倉敷の歴史などを立体的に解説する。
⑥工房＝陶芸、染色などの実習施設を持ち（中略）カリキュラムによる工芸実習ができるように運営する。

この企画は倉敷の魅力を芸術や工芸と瀬戸内の食材で作る和食とし、ターゲットを若い女性のグループに絞っている。そしてこの需要を受け入れる施設として、宿泊機能と文化的機能という両輪を持つ施設を造るという考えである。

昭和四八年（一九七三）一月、クラボウにより再開発計画が決裁になり、五月には株式会社倉敷アイビースクエアが創立された。

旧工場外観（改修工事開始前）。のこぎり形屋根が連続して工場全体を覆っている（提供：倉敷アイビースクエア）

煉瓦の外壁を残しスクエアを造る

◇調査

昭和四八年には東京大学の村松貞次郎研究室による調査が行われた。報告の要点は次のとおりである。

①明治二二年（一八八九）に竣工した旧当初工場は物的にはほとんど原形をとどめていない。

②一部の壁体煉瓦などに、当初の材料と構造を含んでいることは確実である。

③現存する煉瓦造の工場建築としてはほかにあまり例がなく、しかも意匠的に優れている。

クラボウの再開発計画は、外壁は現状どおり残す方針であり、調査報告に記された「建造物史跡を核とする面的保存開発のモデル地区」という要望に合致していた。

◇設計

再開発の建築設計者は、浦辺鎮太郎（当時浦辺建築設計事務所、現在の浦辺設計）に決定した。浦辺鎮太郎は明治四二

中央広場（スクエア）の工事
（提供：倉敷アイビースクエア）

設計のための現場確認
（提供：倉敷アイビースクエア）

年（一九〇九）に現倉敷市で生まれ、倉敷レイヨン（現クラレ）に入社し営繕関連部門に勤務した。倉敷レイヨン内に倉敷建築研究所を設立し、その後、建築設計事務所として独立した。この時点ですでに倉敷国際ホテルの設計で昭和四〇年（一九六五）に日本建築学会作品賞を受賞していた。

設計は周囲の煉瓦壁を残し、中央広場（スクエア）を設置するが、可能な限り材料を再利用するという基本方針で進められた。さらに伝建地区に接する西門から中央広場、玄関前広場を抜けて、城山稲荷、市民会館、東町そして倉敷川畔までのループ状の動線が作られている。各部分の設計方針は次のとおりである。

①工場中央部の木造部分を撤去し一四〇〇平方メートルの中央広場を造る。広場に面する壁はアーチ型のＲＣ（鉄筋コンクリート）の壁を新設する。

②東側の旧工場時代の裏口を正門にし、その内側の工場木造屋根を撤去し玄関前広場を造る。

③宿泊棟の棟間になる部分の工場木造屋根を帯状に撤去することにより採光用スペースを作る。
④客室は工場の梁下に二層分を組み込む。RC造の二階床を新設する。
⑤和食堂とコーヒーハウス（現レストラン）は、柱、梁、小屋組を従来のまま生かし、工場時代ののこぎり屋根が見えるようにする。

東上空からの全景。手前左にアーチ形の正門、その内側が玄関前広場、右奥に中央広場（スクエア）、ホテルの客室棟の間には採光スペースが作られている（提供：倉敷アイビースクエア）

◇施工とオイルショック

工事はクラボウやクラレの工事を多く手掛けてきた藤木工務店が担当し、昭和四八年（一九七三）四月に起工した。しかし工事期間中の第四次中東戦争勃発により、第一次オイルショックが発生し物価が高騰した。工房開設の延期と一部施設の建設中止による予算圧縮を行ったが、予算額は七億五〇〇〇万円から一一億円に上昇した。事業採算につながる予想外の大きな山場であった。

再利用する木材に埋まっていたくぎの処理、宿泊棟を宙づりにしての基礎工事など、難工事とな

時代に合わせ客室２室を１室に拡大

中庭（スクエア）の夜景
（提供：倉敷アイビースクエア）

ったが、昭和四九年（一九七四）五月に竣工した。

倉敷アイビースクエア開業と運営

昭和四九年五月、アイビースクエアは開業した。当初から和食をメインダイニングとする飲食部門が高い評価を受け、これに続き宿泊部門の知名度が上がり、全室フル営業になっていった。ちょうど新幹線が岡山まで開通して以後の倉敷観光ブームもあり、昭和五六年には宿泊客が一〇万人を超えた。

倉敷アイビースクエアは平成二五年（二〇一三）で開業三九年を迎え、倉敷の街になくてはならない施設になっている。日本社会の変動を受けて施設運営のあり方も年とともに変わってきている。当初企画では若い世代をターゲットにして運営が開始されたが、若い時アイビースクエアに宿泊した世代が熟年の年代に至っている。ニーズに応えて宿泊室も二室を一室に広げるなど、時代への対応が行われている。陶芸などの工房には地域の人たちが集っている。当初の企画の理念を継承し、文化施

小屋組と柱を残すエントランス（提供：倉敷アイビースクエア）

設は現在も倉敷アイビースクエアの個性を示す大切な役割を果たしている。

クラボウの本店は現在も倉敷にあり、倉敷アイビースクエアの敷地内に建つ工場時代の事務所、現在のオルゴールミュゼの中に置かれている。また倉敷アイビースクエアでは、クラボウ本社採用社員の内定時や新入時に創業の地を知る宿泊研修が行われたり、クラボウの株主総会も行われている。このようにクラボウは創業の地を守り伝えて生かす理念を持っている。

不動産の所有はクラボウ、管理運営が倉敷アイビースクエアであるが、この地は一グループ企業の活動の場だけにとどまらず、創業の地を守り伝えて生かす役割を果たしている。このクラボウの理念がリノベーションを生んだ。このような理念がある限り、今後も安定した運営が図られてゆくであろう。（澁谷俊彦、末廣健一）

クラボウ本店が置かれているオルゴールミュゼ（提供：倉敷アイビースクエア）

倉敷アイビースクエア

国登録有形文化財（一部、平成一〇年（一九九八））
近代化産業遺産（平成一九年（二〇〇七））
〈所在地〉岡山県倉敷市本町七番二号
〈構造・階数〉木造、鉄骨造、鉄筋コンクリート造の混成
平屋、一部二階建て（改修後）
〈延床面積〉一七二二二平方メートル（改修後）
〈建築年〉明治二二年（一八八九）以降増築を続ける
〈設計者〉石河正龍
〈改修年〉昭和四九年（一九七四）
〈改修設計者〉浦辺鎮太郎
〈現在の所有者〉倉敷紡績株式会社（クラボウ）

〔引用文献〕
倉敷アイビースクエア編『倉敷アイビースクエア二十年史』（倉敷アイビースクエア、一九九三年）
〔参考文献〕
倉敷市史研究会編『新修倉敷市史七　現代』（山陽新聞社、二〇〇五年）
倉敷紡績編『倉敷紡績百年史』（倉敷紡績、一九八八年）
『日本創造企画株式会社』（日本創造企画ウェブサイト）

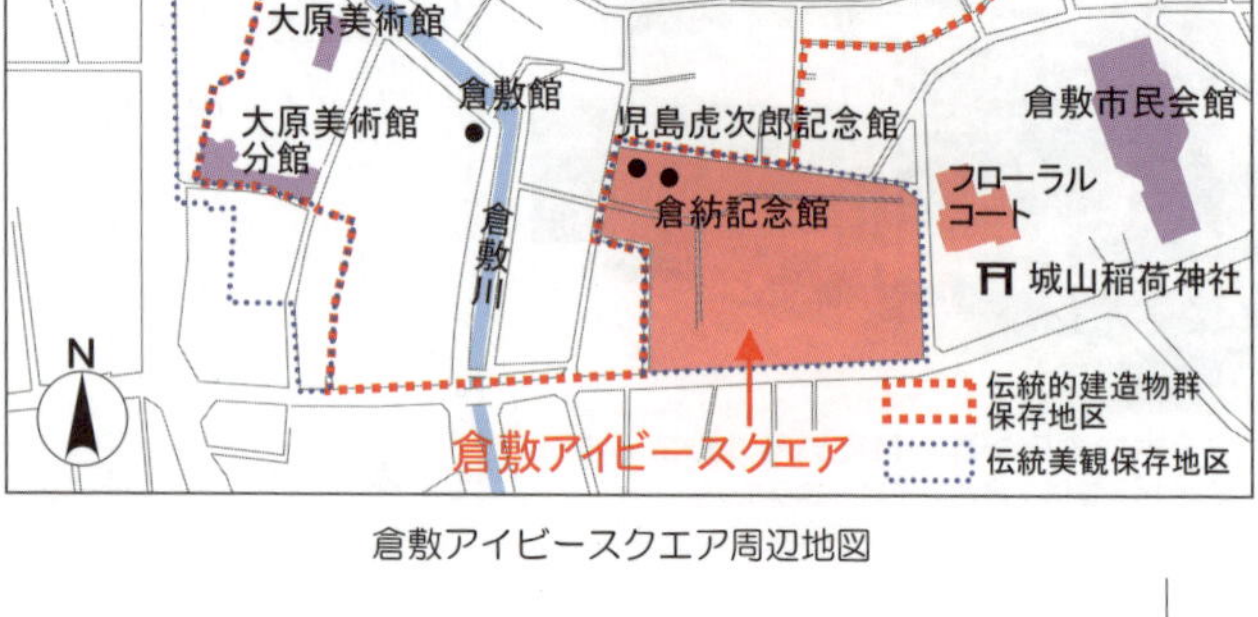

倉敷アイビースクエア周辺地図

ルネスホール（おかやま旧日銀ホール）

（岡山県岡山市）…【大正期の銀行→多目的ホール】

ルネスホール。本館の北（左）側にエントランスホールが新設された（提供：岡山県）

岡山の中心市街地に残る旧日本銀行岡山支店

旧日本銀行岡山支店は岡山城天守から南西約六〇〇メートルの位置にあり、岡山城周辺地区（内山下《うちさんげ》）に属している。日本三名園の一つである後楽園を含むこの岡山城周辺地区は、城跡や公園の緑とホール、美術館、図書館など文化施設が集中し「岡山カルチャーゾーン」と呼ばれ、市民に愛着を持たれている。

日銀岡山支店の開設と移転

日銀岡山支店は大正一一年（一九二二）に一五番目の支店として開設された。当時岡山地域は日銀大阪支店の管轄にあったため、岡山支店の誘致の運動が進められていた。木村清四郎第四代日本銀行副総裁（岡山県出身）の尽力により、岡山県と香川県を営業範囲とする岡山支店が実現した。本館の設計は日本銀行本店を設計した辰野金吾*の弟子で、多くの日銀の建築を設計した長野宇平治である。正面に並ぶ端正な四本のコリント式*大オーダーの独立円柱により、全国の日銀支店の中でも高く評価されている。

本館は二階建てで、営業室中央上部は吹き抜けになっている。平面は南北二七メートル、東西一七メートルの長方形である。外観の様式は新古典主義*である。正面中央に列柱が並ぶ玄関（ポルティコ）が付き、四本のコリント式円柱が二階軒高まで立ち上がる。本体隅にコリント式の角柱付柱が配されている。壁面には等間隔に縦長の窓が並び、腰部に連続渦巻紋の帯が廻る。

日銀岡山支店（大正15年（1926））
（出典：東宮殿下行啓記念岡山市写真帳）

施工は、辰野金吾の薫陶を受け日本銀行本店などの工事を担当した山本鑑之進の流れをくむ藤木工務店が、創業第一作として担当した。図案彫刻が多く、岡山では対応しきれなかったため、大阪の職方《しょくかた》に協力を求めた。工事は梅雨期の大雨や台風に耐え完成した。

昭和二〇年（一九四五）六月の岡山空襲の時、周囲の市街地は戦火を受けたが、日銀本館は内部に火が入らず焼失を免

＊**辰野金吾**：わが国の近代建築創成期を代表する建築家。帝国大学工科大学（現在の東京大学建築学科）学長を務め、長野宇平治ら多くの建築家を育成した。
＊**コリント式**：古代ギリシャ建築における建築様式の一つ。ドーリア式、イオニア式のあとのもので、アカンサスの葉をモチーフとした華麗な表現を特徴とする。　＊**新古典主義**：次ページ。

改修前の旧日銀岡山支店営業室。
左側（西面）に入口の風除室が見える
（提供：バンクオブアーツ岡山）

改修前の旧日銀岡山支店。本館北（左）
側に荷さばき室が見える
（提供：バンクオブアーツ岡山）

れた。日銀岡山支店が昭和六二年、三街区北の旧日赤病院跡に新築移転したことにより、支店開設時に建てられたこの建築は、銀行としての使命を終えた。

旧日銀をまたぐように設計された県立図書館案

平成元年（一九八九）、岡山県が旧日銀の土地建物を取得した。県は県立図書館・公文書館を建築する計画を進め、旧日銀本館をまたぐように高層の県立図書館・公文書館を建てる計画案を発表した。この計画案は、高層図書館の機能上の問題、将来の増築の困難さ、旧日銀本館の価値の減損などの点から、県議会、図書館関係者、図書館に関心の深い県民の間で大きな議論になった。平成八年、長野士郎県知事が引退した。石井正弘県知事が当選就任し、平成一〇年に岡山県立図書館の予定地が岡山城と岡山県庁の間の旧丸之内中学校跡地に変更され、旧日銀敷地の再利用計画は白紙に戻った。

振り返ってみると、この旧日銀敷地に県立図書館と公文書

＊**新古典主義**:18 世紀後期に啓蒙思想などを背景としてフランスで興った建築様式。ロココ芸術の過剰な装飾や軽薄さに対する反動として、古代ギリシャや古代ローマの荘厳さや崇高美を備えたもので、国家的モニュメントなどに採用された。

館を建設する計画の検討に費やした時間は、県立図書館の建設と旧日銀の再活用の両方にとって遠回りにはなったが、旧日銀岡山支店の建築遺産としての重要性を県民に広く認識させたことと、岡山県が計画推進に県民の意見を取り入れる方針に転換したことから、結果的にはよりよい方向へ向かうための雌伏の期間となった。

リノベーションの方針づくり

◇「旧日銀岡山支店を活かす会」

平成一〇年度（一九九八）から新たな努力が始まる。岡山県が各界有識者から旧日銀の活用方法の意見を聴取したことに応え、岡山商工会議所中心市街地活性化特別委員会（委員長荒木雄一郎）は、地元住民や経営者を含む市民組織により活用方法を検討するという方法を提案し、県はこの提案を採用した。平成一一年一月岡山商工会議所の外郭団体「岡山まちづくり連絡協議会」を母体に、新メンバーを加えて「旧日銀岡山支店を活かす会」（座長荒木雄一郎、以下「活かす会」と省略）が設立され、旧日銀のリノベーションの活動が始まる。

活かす会は県民からアイデアの募集を行った。これと平行して実験コンサート、オープンカフェ、ライトアップなどを行い、旧日銀の再活用の気運を高めていった。

◇飲食機能を有する文化芸術施設

平成一二年度(二〇〇〇)、活かす会が「飲食機能を有するオンリーワンの文化芸術施設」としての整備を趣旨とする最終報告書を提出した。クラシックの室内楽やジャズ、声楽といった小規模空間で生音がいかせる音楽に最適な音響を持ち、食事をしながら音楽を楽しめる施設を提案した。平成一五年、県は「生音をいかした音楽を中心とする多目的ホール」として整備することを決定し、ここに旧日銀のリノベーションの基本方針が定まった。

建築面の課題と解決

◇基本方針

建築計画の基本的な方針は以下のようになった。一期工事で敷地西正面中央に建つ本館営業室をホールに、北部にある公文庫をカフェに改修する。二期工事で敷地北東部に建つ金庫棟を改修し、スタジオ、ギャラリー、ワークルームを作る。この基本方針を基に、平成一四年、一期(本館部分)工事の設計が開始された。

◇平面の変更

旧日銀本館を活用するに当たって、設計上の課題が三点あった。第一に銀行をホールという新たな機能にするための平面変更上の課題、第二にホール機能確保の課題、第三に建

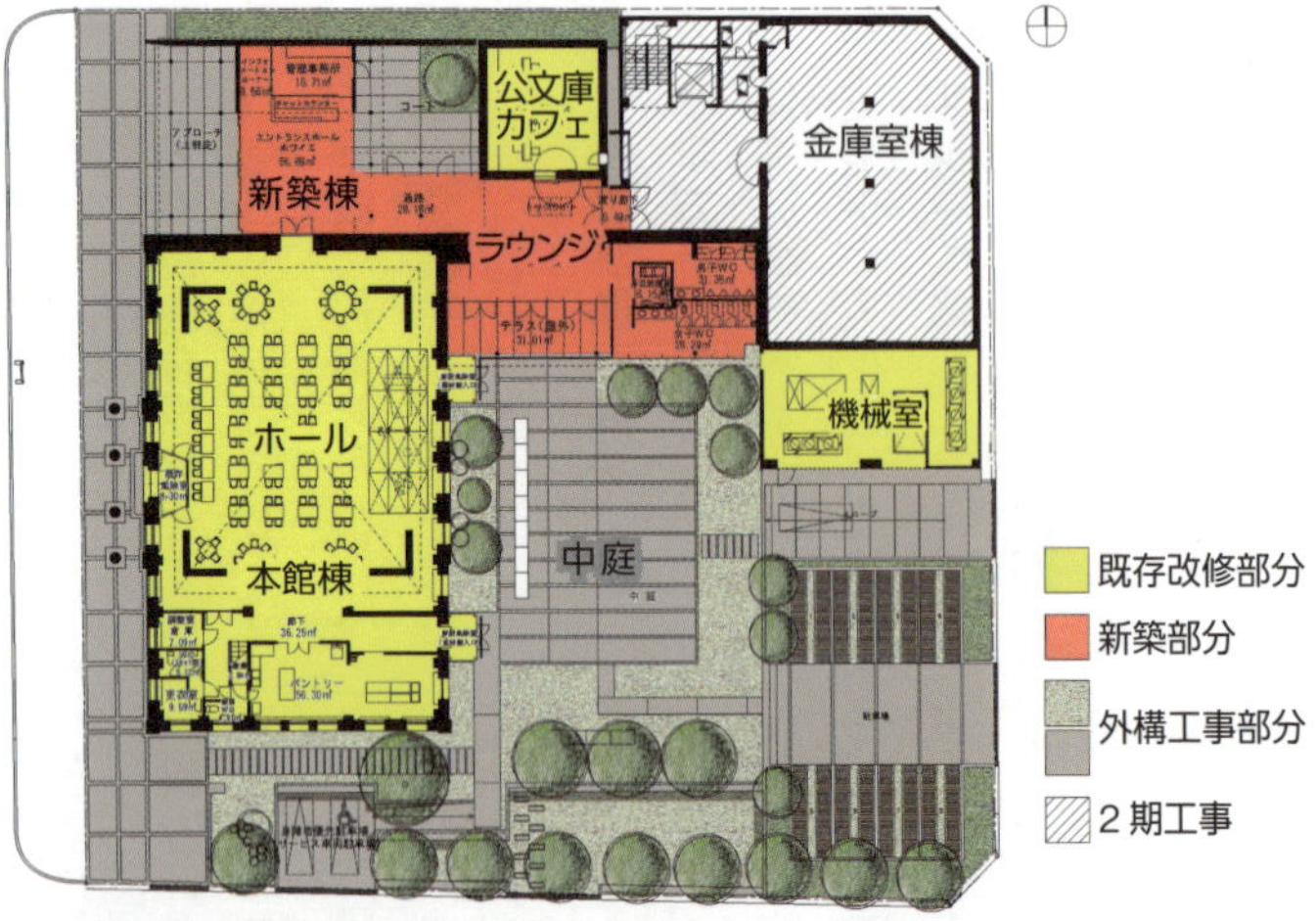

1階平面図。本館北側にエントランスを新築し、本館の東に接していた付属棟を撤去し中庭を作った（提供：岡山県）

築物の耐震補強の課題であった。

第一の平面変更上の主要な課題は、まず日銀時代の玄関が、建物西正面中央の列柱が並ぶ玄関から直接営業室に入るようになっていた入口の問題である。ホールにはエントランス（玄関）、ロビー、ホワイエ*機能が必要である。改修では営業室北側の荷さばき室を撤去し、ロビー、ホワイエの機能も持つ新たなエントランスホールが計画された。これによりホールへの新たな入口は旧営業室北側に移されることになった。

旧日銀本館の東側に接して建てられていた付属棟（事務室、便所、更衣室、食堂など）を撤去し、ホールの東に接して中庭が計画された。日銀岡山支店時代には高い塀に囲まれた周辺市街地に対して閉じた街区であったのが、

＊**ホワイエ**：エントランスから続くホールまでの広い空間で、客の待ち合わせや休憩・社交の場として利用される。

ルネスホールの中庭はコンサートやパーティーに活用されている
（提供：バンクオブアーツ岡山）

敷地を市街地に対して開き、屋外コンサートや屋外パーティーなどの場として、ホールと一体的な活用が行われる場となる。

◇銀行の営業室をホールに

第二のホール機能の計画については、旧営業室の室内の歴史的空間を尊重し、飲食ができるホールにするという基本方針から、平土間、可動ステージ、可動席の形式になった。北側からホールに入ると、奥行きの深い長方形の室内になる。

基本方針が「飲食ができるホール」ということから、パントリー（配膳室）が不可欠になり、その位置は旧営業室の南に接する旧会議室などの部分が充てられた。

ホール四隅に新設される耐震柱に、ホールの照明、音響、空調の設備機器が組み込まれる。これらの設備はホールの中で舞台がどの位置に置かれても対応できるように計画された。この柱の背面は客席から見えないため、操作パネルなどを配置する場所や舞台袖になる。

ホールの音響については、改修以前の銀行営業室の残響時間がホールとしては長すぎることが分かった。この問題を解決するため床にカーペットを張り、四隅の新耐震柱や、二階回廊や壁に吸音効果を持たせて、残響時間を短くする方法を採った。また窓を残し、窓サッシを防音タイプに取り替えることにより、窓のあるホールにすることになった。

ホール四隅の耐震壁工事（提供：岡山県）

小屋裏トラス（提供：岡山県）

◇耐震補強

第三の課題は耐震である。大正時代に建てられた本館の壁は煉瓦造と石造であり、屋根は鉄骨造トラス梁が架けられ、その上に鉄筋コンクリートスラブがかぶせられていた。鉄筋コンクリート造が普及する前の複合した構造であった。

耐震補強の方法として「建築物の内部空間に新たな骨格（メガフレーム）を造り、既存建築物を支えるという工法を採用した。具体的には、建物内部に場所打ち杭*を施工、鉄骨トラス柱*（耐震柱）を建て込み、小屋裏の既存鉄骨トラスを補強しながら耐震柱と一体化し、小屋裏階の荷重を新設耐震柱に伝達する」方法が採られた。

既存の煉瓦造の外壁は可能な限りの補強が計画された。屋根は既存の鉄骨トラス（東西方向）と直角（南北方向）に新たなトラスを組み込むことになった。

施工

平成一六年（二〇〇四）六月、旧日銀岡山支店の一期改修工事が着工された。旧営業室

＊**場所打ち杭**：現場で組んだ円筒状の鉄筋を掘削した地面の中に落とし込み、後からコンクリートを穴の中に流し込み、固めて杭を形成するもの。
＊**鉄骨トラス柱**：鉄骨を用いて三角形を構成し、これを単位として組み立てた柱で、湾曲力に強い。

内に杭打ち機を入れ、室の四隅に場所打ち基礎杭を打ち、その上に鉄骨トラスの柱が立てられた。

既存の煉瓦壁については、「構造的に重要な部分（建物の四隅）について、煉瓦の隙間を埋め（グラウティングし）、鉄板で補強する」ことが行われた。

ホールの梁は、歴史的に貴重な旧営業室の天井を損なわないために、屋上にハト小屋*を作るための穴を開け、ここからトラスの部材を屋根裏に搬入して組み立てた。「漆喰の壁、天井仕上げを養生しながらの建物内部での杭工事や狭い小屋裏での鉄骨補強工事など、細心の注意と高度な技術を要した」工事が進められた。

歴史的建築物の補強と再利用という困難な工事も、平成一七年六月に無事終了し、同年に本館棟が国の有形登録文化財に登録された。

旧日銀の活用、ルネスホールの運営

◇ＮＰＯ法人の設立

設計施工と平行して、平成一五年には活かす会の役員を中心に、同ホールの管理運営を担当する団体としてＮＰＯ法人バンクオブアーツ岡山（理事長黒瀬仁志、以下ＢＯＡ岡山と省略）が設立され、ハードとソフト両面での活動が本格化した。

＊**ハト小屋**：給水、換気、冷暖房、電気等の配管を屋内より陸屋根の屋上に貫通させる場合、防水対策としてそれを覆うために屋上に突き出した小規模な小屋。

ホールのコンサート配置
（提供：バンクオブアーツ岡山）

ホールの飲食配置、正面が新たに造られたホール入口（提供：岡山県）

平成一六年（二〇〇四）一〇月、ＢＯＡ岡山が岡山県から指定管理者に選定された。これを受けてＢＯＡ岡山は、管理運営マニュアルや開館記念事業計画の作成に着手した。平成一七年六月、旧日銀岡山支店の改修工事が完了後、七月からＢＯＡ岡山が県の補助を受けて「おかやま旧日銀ホール」（愛称ルネスホール）の管理を開始し、開館準備作業に着手。九月にルネスホールがオープンした。

◇多様なレイアウト

ルネスホールは旧日銀の歴史的な室内を保存しながら、「オンリーワンの飲食機能を有する文化芸術施設、生音をいかした音楽を中心とする多目的ホール」として利用するために、平土間の可動席のホールとなった。コンサートを行う際も長手方向の南正面ステージ配置、東面を背景にしたステージ配置、中央ステージ配置と、演奏や飲食の形態に対応できるようになっている。席の配置替えの労力は大きいが、この可動性はコンサート以外にもパーティー、結婚式、展示などにも対応でき、ホール

地下スタジオ（２期工事）
（提供：バンクオブアーツ岡山）

ホールのパーティ配置
（提供：バンクオブアーツ岡山）

の稼働率を高めるためには大きな力になっている。
ホールを運営しているＢＯＡ岡山は、「生音をいかした音楽を中心とする多目的ホール」という基本姿勢を重視し、あくまでも音楽中心の利用に重点を置いている。特にここでは文化芸術施設としてふさわしい活動が行われるように配慮し、クラシック、ジャズ、演劇といったジャンルごとに専門委員会を組織して、それぞれにふさわしい演目やアーティストを誘致している。その際、補助金を出して援助する制度があり、また一般出演希望者をオーディションで選定する方法も採用し、一定レベル以上の演奏を確保するとともに、岡山のアーティストの養成という文化芸術の育成機関の役割も果たしている。

二期工事（金庫棟）によるホール機能の拡張

平成二三年（二〇一一）三月、二期改修工事を完了した。この工事により、新たな機能として地下にスタジオ、一階にギャラリーと倉庫、二階にワークルームを設置することができた。

これによりホールを支える機能としてリハーサル機能、楽屋機能、机や椅子の収納機能を充実することができた。

ワークルーム（2期工事）
（提供：バンクオブアーツ岡山）

リノベーションの視点から見た旧日銀岡山支店

飲食機能を持つ音楽ホールという用途は全国的にも珍しいにもかかわらず、平成一七年の開館から七年を経て、ホールの稼働率は七三％（平成二三年）と順調な運営状況を示している。稼働率は八〇％になると下見をする時間も制約を受けるため、これが限界のようだ。

営業効率を第一にするためには用途を限定しない貸館が一番であるが、岡山の芸術文化を底上げすることを狙って、手間をかけても目的に合致した用途に絞り込んでいる。例えば演奏は文化芸術ジャンル別の委員会で誘致したものを年間約四〇本上演し、オーディションは年約四回実施している。逆に希望の多い結婚式は年間約二〇組に限定している。それでもこの稼働率を維持していることは大変評価できる。「このような運営で五年間続けてきた結果、館のイメージができてきた。イメージに合った人が使いやすくなり、またあこがれになり、それがこの館の価値になった」とＢＯＡ岡山の理事長小玉康仁は語っている。

旧日銀岡山支店を取得した岡山県と活用を目指すＮＰＯとの協働が、旧日銀のリノベーションを実現させた。各進展段階でこれに応えていった岡山県の姿勢も重要であった。これらの活動の評価の一つが平成二四年（二〇一二）の、日本建築学会賞（業績）を、旧日銀岡山支店を活かす会、ＮＰＯ法人バンクオブアーツ岡山、佐藤正平（株式会社佐藤建築事務所代表取締役）、協同組合岡山県設計技術センター、西澤英和（関西大学教授）、岡山県が共同受賞したことである。

これから

このようなイメージを大切にしたホールの運営には大変手間がかかっている。ＢＯＡ岡山のメンバーは芝生の雑草取りまで自ら行っており、岡山カルチャーゾーンにあるこの施設に大変愛着を持って、岡山の文化芸術の発信地になることを願っている。ＢＯＡ岡山には地元企業の経営者が参画しており、芸術関係者と経営マインドの高い人たちが常に議論を重ねながら最もよい方法を見出してきたことが、成功の秘訣であると感じられた。このような組織がある限り、この館の運営は今後も継続できるであろう。（澁谷俊彦、末廣健一）

ルネスホール（おかやま旧日銀ホール）　国登録有形文化財（平成一七年（二〇〇五））
〈所在地〉岡山県岡山市北区内山下一丁目六番二〇号
〈構造・階数〉（本館）煉瓦造、石造、鉄骨造、一部鉄筋コンクリート造地上二階建て
（エントランス、ラウンジ）鉄骨造（改修後）
（金庫室棟）鉄筋コンクリート造地上二階地下一階建て
〈延床面積〉二五六五平方メートル（改修後）
〈建築年〉大正一一年（一九二二）　〈設計者〉長野宇平治
〈改修年〉（一期）平成一七年（二〇〇五）　（二期）平成二三年（二〇一一）
〈改修設計者〉佐藤建築事務所、協同組合岡山県設計技術センター　〈現在の所有者〉岡山県

〔引用文献〕
中野弘一朗『旧日銀岡山支店本館耐震・改修工事について』（『平成一八年度中国地方建設技術開発交流会（岡山県会場）』）（国土交通省中国地方整備局、二〇〇六年）

〔参考文献〕
岡山県史編纂委員会編『岡山県史第一一巻　近代二』（岡山県、一九八七年）
澁谷泰彦、坂本一夫『岡山・明治洋風建築』（山陽新聞社、一九八〇年）
『岡山支店の概要　当店略史』（日本銀行岡山支店ウェブサイト）
『岡山市寫眞帖』（岡山市役所、一九二六年）
藤木工務店編『藤木工務店七〇年史』（藤木工務店、一九九二年）
『岡山県議会平成二年九月定例会一般質問』（岡山県ウェブサイト（岡山県議会会議録検索））
地域活性化センター編『都市機能の充実とにぎわいのあるまちづくり事例集』（地域活性化センター、二〇〇七年）

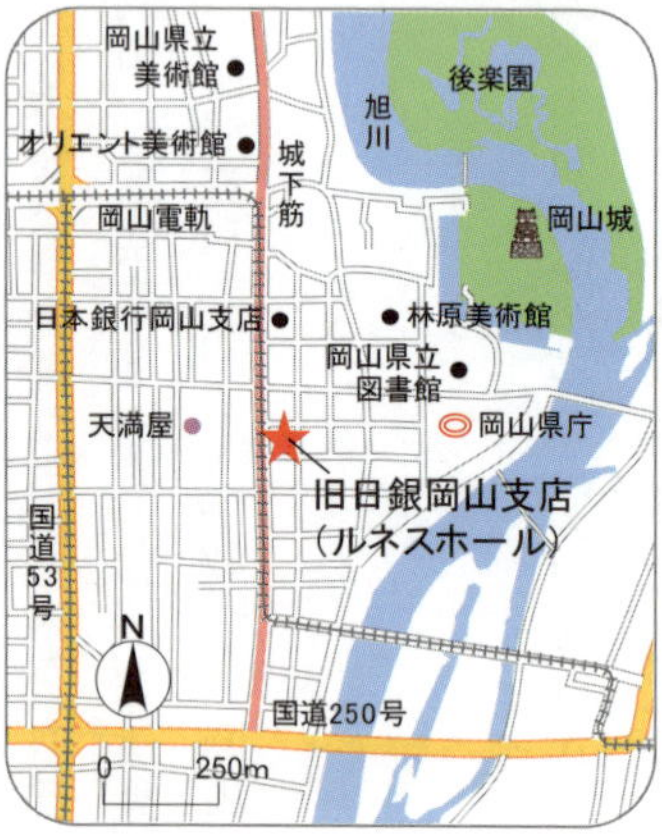

犬島精錬所美術館（旧称　犬島アートプロジェクト「精錬所」）

（岡山県岡山市）……………【明治期の製錬所→美術館】

犬島精錬所美術館外観（提供：福武財団、撮影：阿野太一）

近世以来の産業、犬島石

犬島諸島は岡山港から南西約一〇キロメートル、小豆島との間の瀬戸内海にある。人口は平成二三年（二〇一一）三月時点で五四人である。

犬島は良質な花崗岩の一種、犬島石の産地として近世以来盛んに採石が行われた。元和六年～寛永六年（一六二〇～二九）の徳川幕府による大坂城修築で、岡山藩は城内最大の石「蛸石《たこ》」*などの石材を海上輸送した。

明治以降石材採掘はますます盛んになった。特に明治二九年（一八九六）から始まった大阪築港には大量の石を採掘して送ったため、犬島本島西側の犬の島などは地形が変わってしまった。現在

＊蛸石：大坂城の桜門枡形の正面にあり、表面積が36畳、重さは推定130トンといわれている。石の表面に酸化第２鉄による茶色の蛸入道のような文様が浮き出ているためこの名が付いた。

犬島には、採石場（丁場《ちょうば》）跡がここかしこに残されている。縁は切り立ち、数十メートルの崖ができている。近世以来の産業が島に残した傷跡である。

犬島製錬所。銅の製錬の最盛期（提供：在本桂子）

犬島製錬所を建設した明治の青年起業家

◇坂本金弥

明治四二年（一九〇九）、岡山の政治家、新聞人、企業家である坂本金弥が犬島本島の東岸に製錬所を設け、島は一気に活気づいた。坂本金弥は二六歳の時、帯江《おびえ》銅山（現倉敷市中庄）を三菱合資会社から買収し、近代化と機械化により全国屈指の銅山にした。この帯江銅山の製錬所を移したのが犬島製錬所である。

◇犬島製錬所

経済産業省の近代化産業遺産群[*]には「明治末期から大正期には、原料や製品の輸送の利便性や、製錬（精錬）時に発生する亜硫酸ガスによる煙害への対策の観点から、瀬戸内海の島嶼《しょ》に精錬所が建設された。明治四二年

＊**近代化産業遺産**：幕末、明治から戦前にかけての工場跡や炭鉱など日本の産業近代化に貢献した建築物などを対象に、経済産業省が平成19年（2007）から認証したもの。

海からの直島南部。中央の鞍部にベネッセハウスが建つ

（一九〇九）に地元資本によって建設された犬島精錬所もその一つであり、後に藤田組*、住友へと経営者を変えつつ操業を終えた」と記されている。

犬島製錬所は明治四〇年代に興隆を極めたが、大正八年（一九一九）に閉鎖された。そして明治近代産業の傷跡が、近世以来の採石による傷跡の上に加わった。

瀬戸内の島に視点を向けた福武哲彦

株式会社ベネッセホールディングスは、株式会社福武書店として福武哲彦により昭和三〇年（一九五五）岡山市に創立された。平成七年（一九九五）には商号を株式会社ベネッセコーポレーションに変更した。ラテン語の bene（よく）と esse（生きる）を一語にした造語である。

犬島におけるプロジェクトの原点は、香川県直島《なおしま》にある。直島にも大正六年から三菱合資会社（現三菱マテリアル）の製錬所がある。昭和四一年、藤田観光などが山林と海浜が残っていた島の南部に海水浴

＊**藤田組**：長州出身の藤田伝三郎により明治２年（1869）大阪に設立される。岡山県では児島湾干拓による藤田農場や、柵原鉱山を経営する。戦後社名を同和鉱業、そして現在の社名 DOWA ホールディングスへと変更する。藤田観光も関連企業である。

場とキャンプの施設「フジタ無人島パラダイス」をオープンするが、ドルショックや第一次オイルショックにより昭和六二年に撤退する。

昭和六〇年（一九八五）、福武哲彦と直島町長の間で、直島の南側一帯を子どもたちの教育的な場として開発する約束がされた。このプロジェクトは昭和六一年、福武哲彦の急逝により二代社長福武總一郎に引き継がれた。

国際キャンプ場から「ベネッセアートサイト直島」へ

平成元年（一九八九）に直島国際キャンプ場が完成する。ベネッセの直島で最初の事業であった。平成四年にはベネッセハウスが開館し、活発な展示や現地での制作などのアート活動を開始する。これが「ベネッセアートサイト直島」のスタートになる。平成一〇年、直島の集落の中で「家《いえ》プロジェクト」が開始される。この活動により現代アートの活動が、直島の集落や住民の生活の場にまで広がっていく。平成一六年には、財団法人直島福武美術財団が設立（平成二四年に公益財団法人福武財団に改称）され、直島での活動はベネッセと財団の二本立てになっていく。

福武總一郎、ベネッセ、福武財団が現代アートによる活動の場として瀬戸内海の島々を選んだ理由は、日本でも一番美しいといわれていた多島海の自然と、現代社会に侵されて

宝伝港から望む犬島全景。島の左部分煙突が見えるところが犬島精錬所美術館

いない昔からの島の生活が残っているからであった。しかしこれらの島々は近代化の中で負の遺産を押し込められてきたような歴史を持っている。直島の製錬所、犬島の石切場と製錬所、そして豊島《てしま》の産業廃棄物不法投棄である。それに対して福武財団は「百年間の問題がこの島にある。古いものを残すだけでは単なる民俗博物館になり、地域を蘇《よみがえ》らせることはできない。現代アートはそのようなところを蘇らせる力があるとともに、社会的な問題をテーマに取り込むことができる。場と美術、舞台芸術を掛け合わせることにより、蘇らせることができる」（福武財団）という考えで臨んでいる。

また、恒久展示の美術館を造るという考えも持っており、これにはその地形や風景そのものをアートにするというランド・アート*など、その場所でないと体験できないサイトスペシフィック・ワーク*(**Site-specific work**）の考えも入っている。

これらの考えを実現に移すのが「公益資本主義」（**Public Interest Capitalism**）の考えに立つベネッセと福武財団である。財団が企業の株を持ち、企業からの配当を原資に地域づくりをする体制である。

＊ランド・アート：岩、土、木、鉄などの「自然の素材」を用いて、自然の中に作品を構築する芸術のジャンルや作品のことで、アースワークなどとも呼ばれる。　**＊サイトスペシフィック・ワーク**：特定の場所と強く結びつき、地域の自然や歴史を取り込んで制作される現代アート作品。

直島での活動は成果を上げた。地域を現代アートでよみがえらせるこの方法、法則が「直島メソッド」であり、フランスをはじめ海外から高く評価された。

犬島に直島メソッドを適用

直島メソッドを一つの島の成功事例から、一般解へ広げる試みの舞台に選ばれたのが犬島であった。

平成七年（一九九五）、直島にも作品があるアーティストの＊柳《やなぎ》幸典《ゆきのり》が犬島製錬所跡の廃墟を訪れ、「製錬所の風景に最初しびれた」と犬島での活動を始めた。平成一三年には福武總一郎が製錬所跡を購入し、自身がディレクターとして行動を開始し、建築家として＊三分一博志《さんぶいちひろし》を迎え入れることにより実現に向かう。

犬島精錬所美術館（海からの遠望）
（提供：福武財団、撮影：阿野太一）

製錬所跡から精錬所美術館へ

製錬所跡は犬島本島の東海岸に面し、目の前に沖《おき》の鼓島《つづみじま》、北東遠くに牛窓港を望む本来は景勝地である。

＊**柳幸典**：昭和34年（1959）福岡県生まれの現代美術作家で広島市立大学准教授（平成25年２月現在）。平成22年（2010）の瀬戸内国際芸術祭2010では犬島「家プロジェクト」で作品を展示した。
＊**三分一博志**：昭和43年（1968）生まれで広島を拠点に活動する建築家。

犬島精錬所美術館 chimney hall（建築：三分一博志）
柳幸典「ヒーロー乾電池　ソーラー・ロック」
（2008）（提供：福武財団、撮影：阿野太一）

犬島精錬所美術館（開館時の名称は犬島アートプロジェクト「精錬所」（設計三分一博志））は、平成一八年（二〇〇六）に着工され、平成二〇年に開館した。廃墟の製錬所跡をアートプロジェクトの場、美術館に変えた。その内容は次のようなものだった。

①製錬所跡の北東部海岸沿いのスラグやがれきが撤去され、黒色の重量感のある壁と床が現れた。美術館の強い存在感を持つアプローチとして役割を果たしている。

②製錬所跡北部に新たに犬島精錬所美術館が建てられた。入口を東の海に向け、大煙突を西正面奥に据えた配置になっている。夏は地中熱を利用した冷却のギャラリー（earth gallery）で空気を冷やし、冬は太陽エネルギーを利用した採暖のギャラリー（sun gallery）で空気を暖める。これをメインのホール（energy hall）に送り、太陽と煙突を利用した動力のホール（chimney hall）から空気を館外へ排出する。中心部分である energy hall は地中に作られた。上部地表は石張りの傾斜面と、植栽された広場が作られ、美術館の排水を自然浄化した水でかんがいされている。

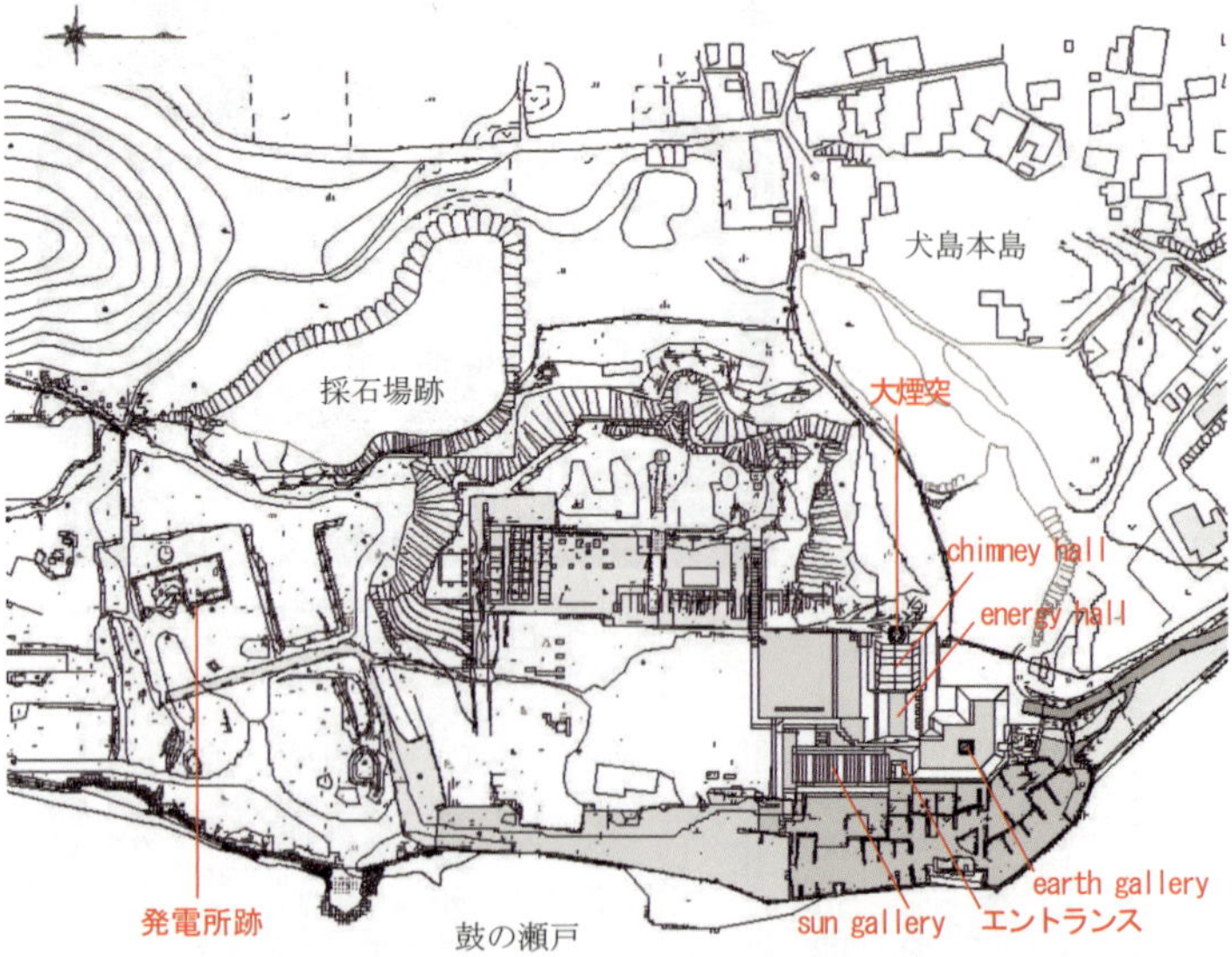

犬島精錬所美術館配置図（図面提供：三分一博志建築設計事務所）

③大煙突は美術館の中心軸に位置づけられ、自然エネルギーによる冷暖房システムの一環を担っている。

④製錬所跡南部は安全を確保できる範囲に園路を造り公開している。管理も廃墟だった時代の雰囲気を残す工夫がされている。

⑤発電所跡は煉瓦造のアーチ窓のある壁が製錬所時代の雰囲気を最もよく残しており、入館者に人気が高い所である。

犬島精錬所美術館のリノベーション手法は秀逸であった。美術館の主要部（energy hall）を地下に造ることにより、万一の煙突の倒壊にも備えたその発想は驚くべきものだった。美術館の大半は新築であるが、カラミ煉瓦*やスラグを有効利用した点などから広義のリノベーションといえる。美術館を建てた残りの製錬所跡も、園路を安全な位置に限定するという方法で強い印象を与える場に変えた。

建築と現代アート

「三分一博志は福武總一郎が雑誌を見ていて見つけた。設計の特徴は自然エネルギーをそのまま使っていく点である。建物を建てる前に、年間を通じて風のデータや日照のデータを採って設計する。自然エネルギーだけでの冷暖房システムでは、地熱で冷やし太陽熱で暖める。なかなかこのような建築家はいない」（福武財団）というのが建築家決定の経緯と理由である。

犬島精錬所美術館 energy hall
柳幸典「ヒーロー乾電池　ソーラー・ロック」（2008）
（提供：福武財団、撮影：阿野太一）

犬島精錬所美術館は建築として高く評価され、平成二二年度（二〇一〇）日本建築大賞（日本建築家協会）、平成二三年日本建築学会賞（作品）、平成二四年ＢＣＳ賞（日本建設業連合会）を受賞した。

＊カラミ煉瓦：銅の製錬過程で発生する鉱滓《こうさい》を固めた煉瓦

美術館の展示作品は、柳幸典の「ヒーロー乾電池」（平成二〇年（二〇〇八））の恒久展示である。福武總一郎が所持していた三島由紀夫が少年時代暮らした松濤《しょうとう》（東京都渋谷区）の木造住宅の部材と犬島石を使用したインスタレーション*で、館内の六つのスペースにわたって一つの作品として展示している。柳幸典は「僕は三島由紀夫という存在が対極的に気になっていて、（中略）アートによる遺構の保存が目的」と述べている。

犬島におけるアートプロジェクトの島全体への広がり

平成二二年（二〇一〇）、犬島「家《いえ》プロジェクト」が開始された。美術館と犬島の集落を結ぶ役割を果たしている。劇団維新派も平成一四年から公演を行っている。アートプロジェクトとは別に、備前焼作家と島民が一緒に作品を作り、ギャラリーでの発表や販売も始まっている。一〇年近く続いている岡山を中心としたアーティストの活動もある。

犬島精錬所美術館の運営と今後の展望

犬島でのプロジェクトは福武總一郎の個人的な活動としてスタートし、美術館は平成二五年には財団に寄付される。犬島の基本は恒久展示の美術館方式であるが、犬島「家プロジェクト」は更新されてゆく。また美術だけでなく、食やエネルギーの分野でも「よく生

*インスタレーション：1970年代に登場した現代美術における表現手法の一つ。絵画や彫刻といった「もの」を見せるのではなく、さまざまな素材を組み合わせて配置、構成し、場所や空間全体を作品として体験させる芸術。

きている地域とは」ということを提案してゆく。課題だらけの島でメッセージを強く打ち出し、オピニオンリーダーに集まってもらい、世界へ発信してゆく。

福武財団は地域に相談し、一緒に考える運営を目指している。アートプロジェクトの運営面の主要なテーマの一つが島民との関係である。現在プロジェクトのスタッフ二六名の約半数の一四名が犬島関係の人で、美術館の清掃、植栽管理、カフェ運営、館内の案内などを担当している。来島者とのコミュニケーションが創出され、島外からのスタッフとの人間関係も深まっている。

運営の基本は「文化活動をすることが企業のメリットになる。企業で得た利益を地元に還元するという考えがある。ベネッセはまだ海外では何をしている会社かよく知られていないが、『アートサイト直島』というと、理解、尊敬される場合が多い。これが大きな信用になる。こうなれば文化活動は単なるコストではなく利益につながっていく。従ってこれは副業ではなく会社のＣＩ（Corporate Identity）活動とも考えている」（福武財団）としている。このように、ごく長期的なスパンで採算を考えているのが運営の最大の特徴である。

プロジェクトの経営は「ベネッセ式の経営方式、できるだけ外注しないで自前」（福武財団）で行っている。採算面では「一年間のうちでも週単位、月単位、四半期単位、年単位で収益を確認していく」というベネッセの経営方法をプロジェクトにも生かしている。また、芸術祭による収益を基盤にのちの二年間を運営するような三か年計画も考えるなど、常に軌道修正しながらやっている。平成二五年三月には二回目の現代アートの祭典「瀬戸内国際芸術祭二〇一三」が開幕した。今後採算ベースを目指して、入館者を現在の年間二万六〇〇〇人から七万人ないし一〇万人まで上げていこうと考えている。

このようにベネッセと福武財団は発注者、運営者として、プロジェクトの企画から建設、運営までを一貫してトータルに管理しており、アーティストや建築家に全面的に任せることはしていない。これまでに編み出した直島メソッドのコンセプトから外れないように、現地に常駐体制を組んでプロジェクトの内容を隅々まで管理している。また島の住民との交渉や協働を主体的に行い地元の理解や協力を得ている。

直島メソッドは歴史のある島々をリノベーションする一つの強力な手法を示したといえる。その直島メソッドを犬島に適用したのが今回の犬島における成果である。犬島は集客などの課題はあるが、この強力なプロジェクト管理力により、課題を解決してゆくものと思われる。（澁谷俊彦、末廣健一）

犬島港。正面の山の向こうが精錬所美術館

注　福武財団では美術館としての固有名称を「精錬所」、稼働当時もしくは産業遺産としての名称を「犬島製錬所」または「製錬所」として表記しているため、執筆においてはこの表記に合わせた。ただし引用部分はオリジナルのままとした。

犬島精錬所美術館

近代化産業遺産（犬島精錬所）
〈所在地〉岡山県岡山市東区犬島三二七番地五
〈構造・階数〉鉄骨造、木造地上一階建て（改修後）
〈延床面積〉七八九平方メートル（改修後）
〈開館年〉平成二〇年（二〇〇八）
〈設計者〉三分一博志
〈現在の所有者〉公益財団法人福武財団

〔引用文献〕
経済産業省編『近代化産業遺産群三三』（経済産業省、二〇〇七年）
『ムービー：瀬戸内国際芸術祭二〇一〇「家プロジェクト」（二／二）』（アイティメディア『ビジネスメディア誠』ウェブサイト）
『「直言五一」アーティスト』（憲法メディアフォーラムウェブサイト）

〔参考文献〕
山陽新聞社編『岡山県大百科事典』（山陽新聞社、一九八〇年）
岡山市史編集委員会編『岡山市史　人物編』（岡山市役所、一九六八年）
倉敷市史研究会編『新修倉敷市史五　近代（上）』（山陽新聞社、二〇〇二年）
三分一博志建築設計事務所『犬島アートプロジェクト「精錬所」』（『新建築』第八三巻七）（新建築社、二〇〇八年）

西爽亭《さいそうてい》（岡山県倉敷市）

【江戸期の屋敷→資料館、生涯学習施設】

玄関の正面奥に絵画のように見える庭

倉敷市の玉島は、江戸時代に北前船*の寄港地として栄えたところである。その地に江戸時代の大庄屋柚木《ゆのき》家の建物が保存され、一部は改修されて資料館、生涯学習施設として利用されている。西爽亭は備中松山藩（現在の高梁市ほか）の藩主が領内を巡回する折に宿泊場所とした建物で、江戸中期の庄屋建築の遺構をよく残しているとされる。建築時期は天明年間（一七八一〜八九）であり、今から約二三〇年前の建物だ。

玄関の上り口から開け放たれた奥に見える庭園が、とても印象的である。庭園は広くはないが、高密度な小宇宙を形成し、右奥には抹茶と煎茶の茶室が並んでしつらえてある。この庭園では夜にライトアップをするイベントも開かれるという。

建物は倉敷市に寄付されたあと、平成九年〜一〇年

＊**北前船**：立ち寄る港で商品の仕入と販売を行う廻船で、江戸時代中期から明治にかけて北海道と大阪などを日本海経由で結び、近世の物流の大動脈として機能した。

庭園の右手にしつらえた抹茶と煎茶の茶室

（一九九七～九八）に市によって一部が改修され、和室と会議室になり、生涯学習の場としても活用されている。当時の*柱梁《ちゅうりょう》を生かし、大庄屋の建物らしい高い*小屋組《こやぐみ》を露出させている。このように保存ゾーンと改修ゾーンからなる西爽亭であるが、道路からは一体的な歴史的ファサード（正面）を見せている。

この建物は玉島地域にとって大切な歴史を有している。備中松山藩家老であった熊田恰《あたか》が、鳥羽伏見の戦いで活躍したのち帰藩したものの、明治政府による征討を受けた。熊田は自刃して部下の命を守り、戦火から玉島を救ったという史実がある。熊田家老が自刃した場所がこの西爽亭であり、玉島地域の人々の誇りの場所となっているのだ。こうした史実を伝えながら、そのゆかりある建物が地域の郷土学習の場として保存されつつ活用されていることは、西爽亭がその空間的価値だけでなく、地域の人々の精神的な支柱としてその生命力を

庭園から見る改修された生涯学習ゾーン（右手）

＊**柱梁**：はしらとはり。
＊**小屋組**：屋根部分の骨組。和式の小屋組は棟木、母屋、垂木、小屋束、小屋貫、小屋梁などで構成される。

維持していることを示すものでもある。

西爽亭から歩いていくと、新町の町並み、仲買町の歴史的な町並みを楽しむことができる。周辺には映画『ＡＬＷＡＹＳ三丁目の夕日』のロケ地として使われた場所があり、懐かしい昭和の気分も味わうことができる。（佐藤俊雄）

北前船による繁栄をしのぶことができる町並み

西爽亭　国登録有形文化財（平成一二年（二〇〇〇））
〈所在地〉岡山県倉敷市玉島三丁目八番二五号
〈構造・階数〉木造二階建て　〈延床面積〉四八二平方メートル（改修後）
〈建築年〉天明年間（一七八一～八九）　〈改修年〉平成九年～一〇年（一九九七～九八）
〈改修設計者〉株式会社暁建築設計事務所　〈現在の所有者〉倉敷市

広島アンデルセン（広島県広島市）…………【大正期の銀行→ベーカリー、レストラン】

北東（主玄関）側から見た広島アンデルセン。２階部分が大正期に建設されたオリジナル、１階は張り出しで、昭和42年（1967）の最初の改修で新設

歴史的建物を活用したベーカリー

広島アンデルセンは、広島市の繁華街である本通り商店街の西側に位置するベーカリーで、レストランなどを併設している。行き交う人々のうち、この商業施設が被爆し大破した建物を修復して利用していることに気づく人は少ない。それでも本通りにかかるアーケードと接している二階部分などをよく見ると、歴史的な意匠であることに気づかされる。そしてコーナーの入口付近には原爆被災説明板が設置され、被爆時の写真とともに建物や原爆被害の概要が記されている。この建物は現存する被爆建物のうち、爆心地からの距離で原爆ドーム、広島市レスト

建物の北東側入口付近にある原爆被災説明板

ハウスに次ぐ近さであり、三六〇メートルの距離にある。

本通り商店街やその東側の金座街商店街は旧西国街道に面した中心商業地であり、城下町の時代からの土地利用を継承しているが、歴史的建物は、今ではこの広島アンデルセンと金座街商店街に面する福屋百貨店の二棟になっている。そして業種業態が変容しつつある商店街の中で、この二棟は歴史を継承する建物としても街並みに根づき、広島を代表する店舗となっている。

広島で初めての鉄筋コンクリート造の銀行建築

広島アンデルセンの建物は、三井銀行広島支店の新築移転に際して建てられたものである。設計は銀行建築の名手である長野宇平治。銀行としては広島で最初の鉄筋コンクリート造の建物であった。

道路からセットバックさせ前面空間を確保し、本通りに面した建物の中央部分、玄関の両脇には、それぞれ二本のドーリア式*、その上部の二階部分にはコリント式*の柱頭を持つ円柱が配されており、ルネサンス様式を基本とする意匠であった。このように上下階で区

＊**ドーリア式**：古代ギリシャ建築における建築様式の一つ。荘厳な表現であり、パルテノン神殿に用いられている。

＊**コリント式**：古代ギリシャ建築における建築様式の一つ。ドーリア式より後のもので、アカンサスの葉をモチーフとした華麗な表現を特徴とする。

切った構成にすることによって、通し柱とする大オーダーによる重厚感の表現ではなく、繊細で華麗なファサード（建物正面）としていた。この四本の列柱に挟まれて、一階は中央にアーチ型の玄関、両脇に縦長矩《く》形の窓、二階は三つのアーチ窓が配されていた。
　正面玄関の最上部のパラペット*は、ファサードをより印象づけるようにその部分だけ張り出し、三井銀行の社章が掲げられ、両サイドのパラペットにはそれぞれ五か所の角穴があけられ、飾りの木枠がはめられていた。また二階窓枠の下部には胴蛇腹*、パラペット部分には軒蛇腹が配され、外壁の石張りの目地のラインとともに水平方向が強調され、繊細さだけではなく銀行建築としての安定感と重厚さも表現されていた。

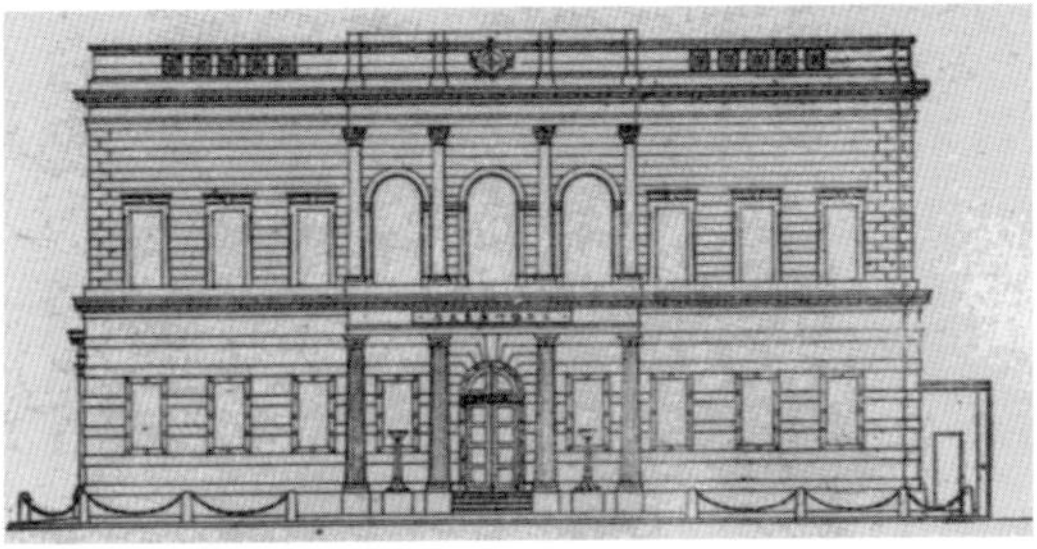

三井銀行広島支店の設計図（北立面図）
（出典：「建築世界」1925年7月）

　正面玄関から一階営業室に入ると、吹き抜けから淡い光が落ちてくる伸びやかな空間が迎えてくれ、手前の客だまりと営業室の間には三本の矩形の独立柱が上部にまで伸び、上への空間の広がりを強く感じさせる構成となっていた。床にはイタリア産大理石が使用され、吹き抜けや内部の装飾と相まって重厚さの中に華やいだ雰囲気を醸《かも》し出していた。二階の

＊パラペット：屋上などに設けられた低い手すり壁で、建物の先端を保護するためのもの。
＊蛇腹：壁や軒に山折りと谷折りの繰り返し構造で、帯状に突出する装飾。

竣工時の営業室内部
（出典：「建築世界」1925年7月）

建築時のファサード
（出典：「建築世界」1925年7月）

吹き抜けには、戦前の銀行建築特有のギャラリーが回されていた。こうした内部の構成やデザインは、のちに長野が設計する日本銀行広島支店と共通するものである。

さらに設計図には敷地の南側に木造の付属屋が数棟描かれており、行員用食堂や更衣室、便所、人力車庫などが配され、鉄筋コンクリート造の建物とは渡り廊下でつながっていた。この部分はのちに広島アンデルセンの新館が建つ場所である。

広島と三井銀行の業務としての関わりは、その前身である為替バンク三井組が、明治七年（一八七四）に塚本町（現在の平和記念公園西側、本川橋西詰め付近）へ出店したことに始まる。その二年後の明治九年には、わが国最初の民間銀行である三井銀行が設立され、その年広島最初の銀行として大手町一丁目（大手筋）に広島出張店として移ってきた。その後大手町二丁目に移転し、明治二五年には広島支店と改称し、大正一四年（一九二五）に、この建物に新築移転するのである。

戦時体制と被爆、そして大改修

三井銀行は、昭和一八年（一九四三）に、戦時体制の下で第一銀行と合併し帝国銀行となり、この建物はその広島支店として昭和二〇年八月六日を迎える。

爆心地に近かったこと、初期の鉄筋コンクリート造で耐震などの構造設計に弱点があったことなどから、爆心地側である西外壁は上部が吹き飛び、大きな亀裂が入り、亀裂は北外壁にも走り、陸屋根《ろくやね》*の西半分は崩落した。全焼した建物内には二〇人近くの行員がいたが、生存者は確認されていない。ただし米国モスラー社製の金庫内にあった現金や帳簿類は無事であったという。同社は原爆に耐えた金庫を懸賞金付きで募集し、米兵がこの金庫を見つけて紹介し、米国で評判になった。

一時は、原爆の実相を残し伝えるため、産業奨励館（現原爆ドーム）か帝国銀行か、いずれの廃墟を残すかと議論がなされたという。そうした中、山下寿郎設計事務所によって改修計画が立てられ、藤田組（現フジタ）によって工事が行われた。このときの改修は、内部の一階営業室の床、二階のギャラリー、一部残っていた屋根を撤

北西側から見た被爆時の状況（昭和20年（1945）8月下旬）（撮影：井上直通）

＊陸屋根：傾斜のない平面状の屋根。

2階内部と吹き抜け天井のトップライト（昭和35年（1960）ごろ）

修復され営業を再開した三井銀行広島支店（昭和35年ごろ）（提供：㈱フジタ）

去し、一階の床の新設、吹き抜けを確保した二階の床の拡張と新設、独立柱の設置、屋根の新設など構造的な観点を多分に取り入れながら、再利用に十分耐え得るようにされていた。また旧営業室の吹き抜けの大空間は、二階の床の拡張で旧来よりも狭まったが、この建物の大きな特徴として継承されるとともに、このときの改修で天井にトップライトが付けられ、空間の広がりと存在が強調されることとなった。加えて正面玄関脇の円柱や窓の形状の保存、破損していたパラペットの修復的な再現など、銀行として建てられ営業していた当時の外観が可能な限り継承されている。そこに昭和二五年（一九五〇）、再び帝国銀行広島支店が戻ってきた。

銀行建築、被爆建物から商業建築「広島アンデルセン」への転身

帝国銀行は昭和二九年（一九五四）に三井銀行に行名を戻し、昭和三七年には紙屋町へ移転する。その後、広島銀行や農林中央金庫広島支所が利用し、昭和四二年にタカキベーカリーが取得し、ベーカリーとレストランからなる広島アンデルセンへと生まれ変わる。被爆建物が当初の利用形態とは違う商業建築へと本格的に転用された初めてのケースであった。

タカキベーカリーの創業者である高木俊介氏は、この建物を買い取ったもののどう使うかに迷い、建物のデザインのルーツであるヨーロッパを妻の彬子《あきこ》さんとともに訪ねた。立ち寄ったローマでは、菓子メーカーが歴史的な建物を生かして大型店舗とし、その中で非常に現代的な新しい感覚の商売をしているのを目の当たりにすることになる。このありように二人は感動し、旧三井銀行広島支店の建物を引き継ぎ生かした店舗を創ろうと決意したという。

実は創業者の高木俊介氏は昭和三四年にデンマーク、コペンハーゲンのホテルで、軽やかな口当たりと、芳醇なバターの香りのペストリーに出会い、そのおいしさに魅了されている。それから三年、試行錯誤を重ねて日本初のデニッシュペストリーを生み出すことになる。そしてそれ以上に心に刻まれたのは、デンマークの一人一人が自立して、暮らしを楽しんでいる姿であったという。のちに「アンデルセン」につながるデンマークへの憧憬は、すでにこのころ二人の心に息づいていたのである。

こうした思いを具現化するべく、旧三井銀行の建物は、大成建設広島支店の設計施工に

本通り側の正面外観（昭和42年（1967））

改装された広島アンデルセンの内部（昭和42年（1967））

より、レストランを併設するベーカリー「広島アンデルセン」として生まれ変わった。設計の担当者は、高木夫妻と同じようにイタリアやデンマークなどに渡り、ベーカリーやレストランの空間構成や食文化、さらには経営状況なども調べたという。このときの改修では正面玄関脇の四本の円柱は撤去され、北東部にメインの玄関、北西部にサブの入口が新設された。また、吹き抜けのある二階をレストランとして活用するとともに、原爆にも耐えた金庫室は扉を撤去し、パン製造場と一体化させた冷蔵庫として利用した。こうして昭和四二年（一九六七）一〇月、銀行建築の転用、被爆建物の利用による広島アンデルセンが誕生したのである。

　広島アンデルセンは、パンを中心に多彩な食の楽しみや生活スタイルの提案など、これまでにないパン文化とも言うべき流れを広島に持ち込むことになり、企業としても成長していった。さらに昭和四五年には関東に初めて出店することになった。「東京青山通りにコペンハーゲンの街角を持ってきました」というキャッチフレーズの下、北欧風の外観と本格的なデニッシュペストリーの品ぞろえで話題になった。青山アンデルセンが広島の企業であることを知る東京人はほとんどいないように、青山の街並みとともに「アンデルセン」はこの地に定着していった。それは被爆建物が本通り商店街に広島アンデルセンとして根づく姿と重なる。

広島アンデルセンの増改築

広島アンデルセンが発展する中で、店舗が手狭になるとともに、業務の拡張が意図され、南側の敷地を活用して増改築を行うコンペが、日本設計事務所、渡辺公一事務所、広島建築綜合設計の三社を指名して実施されることになった。その結果採用されたのは、地元の広島建築綜合設計の案で、南側の敷地に八階建て（地下一階）の新館を建て、既存の建物（旧館）についても改築がなされることになった。旧館については、冷蔵庫として使用していた元金庫の撤去、二階の吹き抜けに面した部分への小部屋の設置、階段のデザインの変更などが行われ、階高の高い旧館と新館の間を巧みにつなぎ合わせることにより、両者の一体化が図られた。そのときのコンセプトは「すてきに生きたいひとのためのアンデルセン」で、ベーカリーを中心にレストランやパーティー会場まで備え、日常の食卓づくり

店舗の内装について協議するアメリカ人コンサルタント（昭和52年（1977）ごろ）

から結婚式までパンのある暮らしをトータルに提案する広島アンデルセンへと発展することになった。

この増改築に当たって高木俊介氏はアメリカから店舗設計やデザインの専門家を招請し、彼らの下でコンセプトデザイン、内装デザイン、キッチンデザインが行われた。彬子さんは改装計画に約一年間専属で携わり、アメリカのプロたちと渡り合った。その中では、予算面から難しかった壁面を大理石で仕上げる提案も相手に押し切られてしぶしぶ実現することになった。しかし自分が信じる根本となるものに妥協しない態度に、プロの精神を学んだという。

施工は広島アンデルセン誕生のときに設計施工を行った大成建設広島支店が行い、コンペの翌昭和五三年（一九七八）に増改築工事が完成し、昭和五四年度の広島市優秀建築物の表彰を受けている。

その後昭和六三年には内装をリニューアルし、平成六年（一九九四）には「広島市被爆建物等保存・継承実施要綱」に基づく助成を受けて保存工事を行い、平成一四年には全館を改装し、現在に至っている。

平成6年（1994）の店舗内部（撮影：井手三千男）

銀行建築が継承され、生かされた空間と街並み、そして一世紀の記憶

銀行建築としての誕生、被爆後の改修による銀行としての再利用、そしてベーカリーへの転身の中で、一貫して継承されてきたのが、銀行建築の階高の高さや吹き抜けによる内部空間の広がりである。戦後間もなくの改修で新設されたトップライトもその効果を高めている。この空間は現代感覚あふれるインテリアなど内装デザインを伴って、入口付近や一階においては上への伸びやかさを、また二階のレストランなどからは空間の広がりと上下の空間構成を体感できることになる。

加えて外観については、一階がドーリア式、二階がコリント式のそれぞれ四本の円柱が撤去されるなどファサードは変化しながらも、往時の銀行建築の窓や外壁などの意匠の一部と雰囲

本通り側の正面2階には、撤去されたコリント式柱のイメージが装飾的に表現

気が継承されたことである。それは設計者長野宇平治への敬意のようでもあり、建物の歴史を通じて今を見ると、山下寿郎設計事務所、大成建設広島支店、広島建築綜合設計といった設計者の思いが一連のものとしてつながり、響いてくるようである。とりわけ広島の復興の道筋が見えにくい時代の中で、大破した建物を復元的によみがえらせた山下寿郎設計事務所と工事に当たった藤田組、そして職人たちの思いは、時代を超えて共有したいと思わざるを得ない。

そして現在ある姿は、高木夫妻なくしてはあり得ない。デンマークの童話作家ハンス・クリスチャン・アンデルセンが、世界の人々に夢と希望を届けたように、パンを通じて食卓に幸せを運びたいという二人の思いは、被爆し大破しながらも残った建物を利用して具体化され、建物に象徴化されることになった。さらにパンを大切にし、ライフスタイルを提案する企業文化として受け継がれ、本物を大切にし誠実さを肌で感じる経営姿勢に今も生かされていることを感じる。朝六時ごろ、本通りのどの店よりも早く広島アンデルセンの従業員たちが店舗周辺の道路を丁寧に清掃し椅子を置く姿を見ると、今日の始まりに清々しさを感じるのである。設計者である長野宇平治も、建物が被爆を乗り越え一世紀近くも大切に使われ、また想像すらできなかったであろう利用がなされている姿に感動し、「ありがとう」と言うであろう。（山下和也）

広島アンデルセン
〈所在地〉広島県広島市中区本通七番一号
〈構造・階数〉鉄筋コンクリート造二階建て
〈延床面積〉一一六八平方メートル（建設時）
〈建築年〉大正一四年（一九二五）
〈設計者〉長野宇平治建築事務所
〈改修年（設計者）〉
昭和二五年（一九五〇）（山下寿郎設計事務所）
昭和四二年（一九六七）（大成建設）
昭和五三年（一九七八）（広島建築綜合設計）
〈現在の所有者〉株式会社アンデルセン・パン生活文化研究所

〔参考文献〕
被爆建造物調査研究会編『ヒロシマの被爆建造物は語る』（広島市平和記念資料館、一九九六年）
被爆建造物を考える会編『広島の被爆建造物―被爆四五周年調査報告書』（朝日新聞広島支局、一九九〇年）
三浦正幸ほか『広島県の近代化遺産』（広島県教育委員会、一九九八年）
李明、石丸紀興『近代日本の建築活動の地域性』（溪水社、二〇〇八年）

恋しき（広島県府中市）

【明治期の旅館→飲食、観光、文化交流施設】

恋しきの外観（北側：旧街道沿い）

はじめに

「恋しき」という何ともしゃれた名称を持つ歴史的な建築物が広島県府中市にある。「恋しき」は、かつて備後府中の社交場であった。近世の宿場町によく見られる切妻平入りの町屋で、伝統的な木造三階建ての旅館建築である。

「恋しき」がある府中市は、広島県の東部に位置し、律令時代のころに備後国府*が置かれたと伝えられ、数多くの遺構や遺物が出土している。現在も備後国府の解明に向けて、発掘調査が続けられている。

江戸時代のころから石見銀山に通ずる石州街道*（銀山街道）の交通の要衝となり、藍、桐、

＊**国府**：奈良時代から平安時代にかけて、国司が政務を執る施設が置かれた地域で、政治のみならず経済、文化の中心地域となった。
＊**石州街道**：次ページ。

こんにゃく、煙草などの農林産物の集積地として商業が盛んになった。それに伴って集散物を加工する機能が求められ、繊維、木工、食品などの工業が盛えた。古代以来の技術の蓄積の上に、進取の気性を持った人々の努力によって、家内工業から機械、家具、食料品などの多様な製造業が発展し、現在の府中市は、製造業のまち、ものづくりのまちとして全国的に知られている。

「恋しき」の歴史

「恋しき」は、明治五年（一八七二）に開業し、石州街道を往来する人々が宿泊した。建物（主屋部分）が開業時に新築されたのか、すでにあった建物を用いて開業したのかは定かではない。

当時の財界人の一人が、旅館名「土生屋」から「こいしき」へと改名したといわれている。「恋」の字がいつごろから使われ始めたのかは不明である。

「恋しき」の主屋と離れは、明治から昭和にかけて何度も増改築を繰り返している。その中で最も新しいものは離れ「明月庵」（ふじの間）で、昭和三〇年（一九五五）以降に建築されている。

時代の変化に応じて、当時の好みや流行を取り入れながら増改築を重ねている。明治、

＊**石州街道**：江戸幕府の直轄領であった石見銀山（島根県大田市大森）より岡山県の笠岡港（さらに海路を通じて大坂）まで役人の往来や物資を運搬するために利用された旧街道。

大正、昭和の各時代が重層していることが特徴である。

また、多くの著名人が宿泊し、府中の財界人や指導者らが集い、近在の人々も結婚式など特別な宴を催すなど、府中の由緒ある割烹旅館として多くの人に親しまれてきた。

大正期には、犬養木堂（犬養毅*）が「一笑千山青」なる揮毫《きもう》を残している。昭和に入ると、高松宮殿下が昼食のため訪問された。また、選挙応援のために、岸信介、福田赳夫などの政界人が宿泊した。また、田山花袋の小説『蒲団』には恋しき宿泊の記載がある。吉川英治は長期滞在をして『新・平家物語』を執筆したといわれている。福山を代表する作家井伏鱒二も訪れている。また、前田虹映による「旅館料亭戀《こい》しき」の絵葉書が残されている。明治、大正、昭和と姿を変えながら、社交の場として府中の歴史とともに歩んできた歴史的な文化遺産である。

前田虹映作の絵葉書「旅館料亭戀しき」

平成に入り「恋しき」は、旅館としての役目を終えることになるが、地元の人々の心から忘れ去られたわけではなかった。むしろ、かつての常連客や府中の財界人らには忘れ難く、思い出深い旅館であったため、何としてでも復活

＊**犬養毅**：第 29 代内閣総理大臣で、昭和 7 年の 5.15 事件で暗殺される。書や漢詩に秀でており書道家としても優れた作品を残している。

させたい思いにつながっていった。また、それだけの文化的な価値が「恋しき」にはあった。そのような状況の中、平成一六年（二〇〇四）に登録有形文化財（建造物）（以下登録文化財）となった。文化財建築としての価値が国によって位置づけられたことにより、恋しき再生の弾みとなった。

「恋しき」の概要

「恋しき」は、旧街道に北面して間口一〇間（約一八メートル）、奥行四間（約七・二メートル）、一部三階建ての主屋があり、背後に三階建ての増築部が伸びている。増築部の廊下に沿って内庭が設けられている。廊下の先には新館の内玄関を直角に曲がった渡り廊下を隔てて離れ「桐・さつきの間」がある。そこには大正初期に築造された庭園が広がっており、泉水、築山を配した本格的な和風庭園がある。造園に際して、禅宗の僧侶が主屋の三階から縄張りをしたといわれている。この庭園を囲むようにして五棟の離れが点在し、それぞれに控室や茶室を付しており、趣のある景色を作り出している。

敷地の背面の土塀に沿って離れ「菊の間」および離れ「桔梗の間」が配され、大正初期に庭園の造営に伴って建てられた。庭園入口にある離れ「偲竹亭」（竹・萩の間）は、昭和二二年〜二三年（一九四七〜四八）ごろに建築された。

登録文化財に指定されている物件は、主屋と離れ四棟（桔梗の間、菊の間、桐・さつきの間、竹・萩の間）の計五件である。離れ「明月庵」（ふじの間）は登録文化財に指定されていない。

登録有形文化財一覧

名称	建築年代	構造	屋根形式	床面積
主屋	明治初年（増築＝明治末期、大正、昭和初期）	木造一部三階建て	切妻造り、*桟瓦葺《さんかわらぶ》き、正面中央三階部分寄棟造り	三四八平方メートル
離れ（桔梗の間）	大正初期	木造平屋建て	寄棟造り、桟瓦葺き	二六平方メートル
離れ（菊の間）	大正初期	木造平屋建て	寄棟造り、桟瓦葺き	六三平方メートル
離れ（桐・さつきの間）	大正期	木造平屋建て	寄棟造り、桟瓦葺き	一〇八平方メートル
離れ（竹・萩の間）	昭和二二〜二三年ごろ	木造平屋建て	切妻造り、桟瓦葺き	六二平方メートル

＊**桟瓦葺き**：波の様な形状をした桟瓦を用いた屋根の葺きかた。

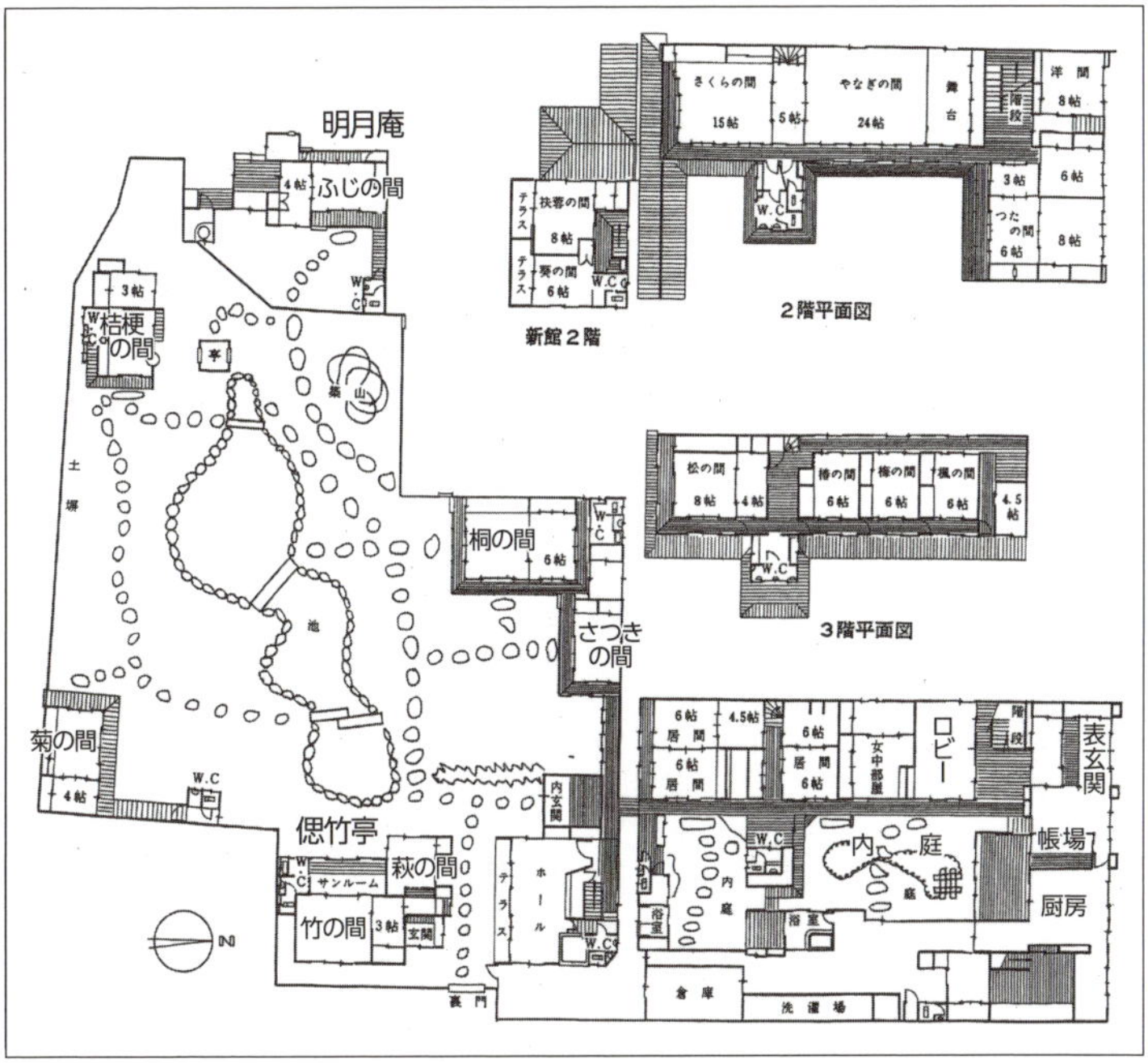

恋しきの配置図と平面図

恋しきの外観（東側、裏門）

庭園と離れ（左が偲竹亭）

株式会社の設立と「恋しき」の修復

登録文化財に選定されるのと同時期に、「恋しき」再生の検討が始まる。平成一七年（二〇〇五）、府中の財界人が結束し、「恋しき」を保存活用することを目的とした会社「株式会社恋しき」を設立した。株式会社設立のきっかけは、「かつての社交場は私たちの世代にはあこがれの場。それをなくすのは非常に残念。何とかして再生を」との思いに端を発している。

また、当時「恋しき」は、個人による維持管理の限界をすでに迎えていた。このままでは府中の文化を伝えてきた歴史的な文化遺産が失われてしまうという危機感によって人々が動かされていった。発起人らは、府中に立地する企業に理解を求め、「恋しき」の復活を願う市民の賛同を一人一人得ていき、「恋しき」を改修し、活用するための費用を募った。株主は企業、個人を合わせて七一件に上った。これまでも、「恋しき」の所有者のもとには多くの再生計画が持ち込まれてきたが、費用負担を含めての再生計画は、「株式会社恋しき」が初めてであった。府中の財界人そして市民の想いが一つになって、「恋しき」は改修されることとなった。

また、府中市中心市街地活性化計画が平成一九年（二〇〇七）に内閣総理大臣の認定を受けた。その際、「恋しき保存・再生事業」が「賑わいの創出」に寄与する事業として位置づ

ロビー

けられた。それにより、民間都市開発推進機構*による立ち上げ支援を受けることとなった。これにより、十分な改修費用を得て、新たな名所として生まれ変わっていった。

再生計画を進める上で、建築的な修繕費用は、多く必要としなかった。当時の状態でも十分に使用できる建築物の状態であった。建築構造上の問題や消防法の関係で三階部分を使用しないこととした。

修理した主な箇所は、外観、主屋一階の北側、トイレなどである。主屋一階の東側は旅館の時の厨房を改修し、小さな厨房と蕎麦処とした。また、玄関を入って左手は厨房と帳場であったが、その土間と板間を利用して土産物処を配し、府中の名産を並べた。

株式会社恋しきの事務所は玄関奥のホール南側の居室とした。さらに、一階の奥は懐石料理屋を誘致し、庭園を眺めながらゆっくりと会食できる場を設けた。

離れ「竹・萩の間」は、改修することなく喫茶店とし、気軽に訪れ庭園を望められる空間とした。主屋二階、離れの四棟（さつき・桐の間、菊の間、桔梗の間、ふじの間）は改

＊**民間都市開発推進機構**：中曽根内閣時代に、民間事業者による都市開発を支援するために設立された財団組織で、融資や出資などの資金面での支援をしている。

1階お土産物処と蕎麦処（奥）

修を行わず、当時のままを利用した。
府中の財界人そして市民の力で、平成一九年に備後府中の社交場「恋しき」は再生を果たすことになる。

「恋しき」の第一次再生

オープンした「恋しき」は、府中の新たな名所として多くの観光客で賑わった。地域の住民も多く訪れたが、それよりも市外の観光客が多数を占めた。「恋しき」より北西にある石州街道出口《でぐち》地区の歴史的な町並みと相まって、マスメディアにも多く登場し、県外から昔ながらの旅館風情を懐かしむ観光客が多く訪れた。また、四季により美しく変化する庭園を楽しもうと、観光客が何度となく足を運んだ。

「恋しき」では、離れや主屋二階を多目的室として貸し出していた。舞台のある主屋二階を利用して結婚披露宴が催され、かつての繁栄が再現された。昔は、町の旦那衆が大宴会を催す場で結婚披露宴を開き、より一層盛り上がったという。

また、雛祭りの時期には雛人形作家の個展が毎年開かれ、それを目当てに多くの観光客が訪れた。冬季には「恋しき」を中心に街道沿いで灯り祭りが開催された。

「恋しき」が再生したことにより、地域を活性化しようと地元市民が知恵を絞り、自ら企画をするまでになっていった。こうして「恋しき」は町のシンボルとして再生されたのである。

２階の展示の様子

「恋しき」の第二次再生

「恋しき」がオープンして五年が経過し、「株式会社恋しき」は「恋しき」の運営形態を変えることになる。

これまでは、株式会社恋しきが蕎麦処と土産物処、二階主屋や離れの貸室を直接運営していた。また、懐石料理屋、喫茶店と賃貸契約を結んでいた。平成二四年（二〇一二）、株式会社恋しきはそれらの運営から退くことになる。事務所を離れ「桔梗の間」に移動し、離れ「ふじの間」のみを貸室として管理することにした。恋しきの主屋と離れ「桐・さつきの間」一棟を改修し、新たに飲食業者と賃貸契約を結び直した。また、離れ「竹・萩の間」「菊の間」二棟は、府中市観光協会に賃貸することとした。

主屋など全体を利用したおもてなしの飲食空間と福山以北の情報発信基地として、府中

改修後の２階大広間

改修後の玄関

市観光協会観光案内所が平成二四年（二〇一二）一一月にオープンした。

第二次改修の特徴

第二次改修の特徴は、より多くの人が訪れる場とするために館内を靴のまま上がれるように床を板張りにしたことである。本来の床板の上に二センチメートルほどの杉の間伐材を使用したＬＶＬ板（単板積層材）を張り建物内を養生している。これまではほとんどの部屋が和室で、廊下との間には敷居などの段差があったが、床材を敷き詰めたことにより段差も解消された。

そのほかには、一階玄関横の帳場以外は土間とし、旅館時代と同様に厨房を設けた。この厨房にある井戸は、かつて使用した状態をそのまま保存している。二階の大広間は、大宴会が可能なように昭和期に敷設された舞台を廃し、大きな空間を確保した。

第二次改修では、構造上の問題から柱や壁を取り除くことが

改修後の居室

できなかったが、ふすまなどを取り払ってより広く利用できるように工夫を行った。

また、旅館「恋しき」の時に使用していた食器類や漆の盆などを再利用している。特に座卓はそのままでは使いづらいため、府中家具の製作技術によってテーブルへと再生された。「ものづくりのまち」としての技術が活用されている事例である。

府中市観光協会の観光案内所となる離れ「竹・萩の間」は、和室を土間にして玄関を新たに設け、また庭園を望む広縁はデッキに変え、外からも内からも庭園を楽しむことができる空間へと改修された。

再生のための取り組み

「恋しき」の保存活用は、「府中の文化、社交の場を後世に残したい」という思いが形となったものである。登録有形文化財の指定を受け、歴史的な価値を国に認められた「恋しき」は、府中市民のさらなる誇りとなった。

改修後の離れ「竹・萩の間」内部

再利用されたテーブル

旅館を廃業し個人として持続することが難しい状況から、企業と市民の力を結集し、保存活用をするための株式会社を設立した。そして運営は株式会社単体から、飲食業者、府中市、株式会社の三位一体へと変化を遂げた。建物も登録有形文化財の範囲の中で、可能な限り収益が上がるようリノベーションされた。

こうして「恋しき」を後世に残していくために、文化財でありながら現状にとらわれず、柔軟にリノベーションを繰り返してきた。「恋しき」のような保存活用方法は、時代の状況に合わせて再生していくことの大切さを示している。

今後の府中市のまちづくりとの連携

「恋しき」のある府中市の市街地には、大正期の洋風建築や漆喰塗りの町屋など多くの歴史的建築物が今も残っている。石州街道の面影を今に残す出口地区は、町並み環境整備事業により、建物の修理と修景が積極的に進められ、多くの観光客が訪

離れ「竹・萩の間」から望む庭園

れる地区へと変貌した。今後はそれらを回遊できるルートの整備が課題となっている。
「恋しき」の北側には多目的利用が可能な広場が整備され、各種のイベントが頻繁に開催されるようになった。府中の賑わいの中心が再び「恋しき」周辺に戻ってきたのである。
「恋しき」は昔も今も府中の文化的シンボルであり続けている。（上村信行、吉田倫子）

離れ「竹・萩の間」外観

石州街道出口地区の町屋

恋しき
国登録有形文化財（平成一六年（二〇〇四））
〈所在地〉広島県府中市府中町一七八番地
〈構造・階数〉木造二階建て、一部三階建て
〈延床面積〉六〇七平方メートル（登録有形文化財該当部分）
〈建築年〉明治初期
〈改修年〉平成一九年（二〇〇七）、平成二四年（二〇一二）
〈改修設計者〉ドーンデザイン研究所（水戸岡悦治）（第一期）
今川建築設計（第二期）
〈現在の所有者〉株式会社恋しき

〔参考文献〕
府中市編『府中市史』（府中市、一九九五年）
「恋しき」登録有形文化財指定の関連資料（府中市教育委員会）
府中市編『府中市中心市街地活性化基本計画』（府中市、二〇〇六年）
「恋しき」関連資料（株式会社恋しき　提供）

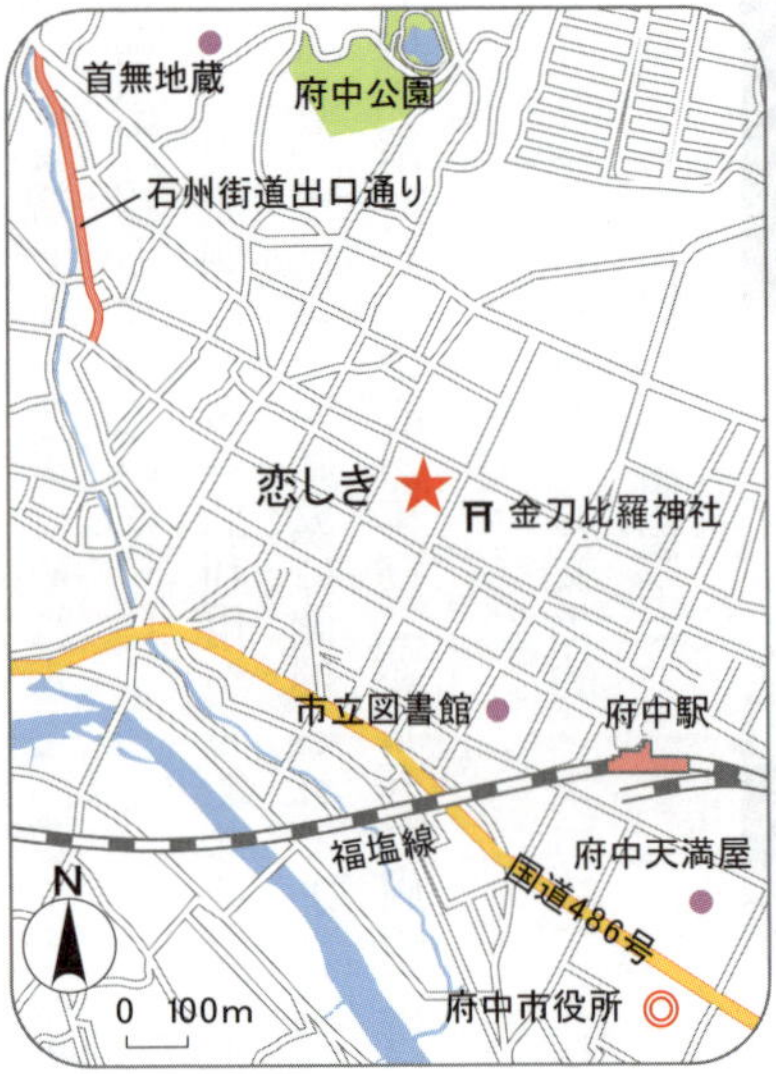

ソットスタッツィオーネ（広島県広島市）……【昭和戦前の変電所→レストラン】

建物正面。２階建てでありながら、隣の４階建てとほぼ同じ高さ

変電所の姿を残すレストラン

市内電車の宇品四丁目の電停（広島市南区）付近、宇品公民館の路地を挟んで北隣に、古いような、比較的新しいような、工場のような、事務所のような、加えて建物前の二本の小さな鉄塔がより不思議に思わせる建物がある。近づくと「ソットスタッツィオーネ」という名前のイタリアンレストランであった。

建物の正面には、「宇品御幸《みゆき》ビル（被爆建物）」と記した説明プレートが取りつけられており、変電所として建設され、往時の姿をとどめていることに気づき、先ほどの疑問が晴れることになる。中に入ると、さらなる驚きと感動に包まれる。店舗内も変電所の空間とデザインが踏襲されているのである。そして「ソットスタッツィオーネ」とは、イタリア語で変電所という意味であることを知ることになる。建築時または被爆時の外観を、変えることなく残して利用されている商業施設は、広島市の中心部にある福屋百貨店（広島市中区八丁堀）とこの建物だけであり、内部もほぼそのままというレストランはここしかない。

どんな人がどのような発想でこの建物をレストランにしたのか、好奇心が湧くのである。

戦時体制下の宇品に造られた変電所、そして被爆

この建物が完成したのは、第二次世界大戦末期の昭和一八年（一九四三）二月、建設開始は前年の遅くとも秋であったであろう。ミッドウェー海戦（昭和一七年六月）の直後とはいえ、まだB―二九戦略爆撃機の本土空襲もなく、多くの国民が戦局の悪化を知ることもない時期であった。

この当時宇品一帯は、大陸や南方に人員と物資を送る一大兵站《へいたん》基地＊であり、宇品方面の軍の施設や軍需工場などに安定して電力を送ることが求められ、この建物は中国配電（のちの中国電力）の南部変電所として建設されたのである。南約一キロメートルには宇品港、南東約一キロメートルには宇品駅や陸軍の倉庫群、北西約六〇〇メートルには広島陸軍

＊**兵站基地**：軍事力を維持増進させるために、食料、燃料、武器、弾薬などの軍事用品を前線部隊まで輸送する役割を持つ施設。またそれが集積した地区。

エントランス上部（左）のコンクリート製の
頑丈な庇が建築遺産であることを物語る

＊糧秣支廠《りょうまつししょう》、東約七〇〇メートルには旧錦華人絹（昭和一六年四月、合併により大和紡績）広島工場を賃借した陸軍船舶練習部などが位置していた。まさに南部変電所は、宇品の中央部にあり、全方位的かつ効率的に電線を張り巡らせ、電力を供給する位置にあり、宇品線の電停近くという利便性の高い場所でもあった。そして、広島市デルタ内における発変電所としては、戦前における最も新しい、つまり最後に建設された建物であった。

建物は二階建てであるが、変電設備を設置するため、階高が通常の住宅の二倍近くもあり、木造家屋が建ち並ぶこの一帯では「高層建物」として、目立つ存在であった。電車通りに面した建物正面の左手に、建物の玄関があり、その横の中央には設備などを出し入れする縦長の開口部が鎧《よろい》戸で仕切られていた。この二つの入口の内には、奥行き二メートルほどの吹き抜け状の空間があり、正面左手の二層にわたる縦長の窓から自然光が入っていた。吹き抜けの上部には機器を二階につり上げる滑車と鎖があり、それは今でも残されている。さらに玄関に入って右手には二階に上がる階段があり、その脇には一部階段下の空間を利用した小さな事務室が設けられていた。

＊**糧秣支廠**：兵士の食料を製造、保管する施設。

南東側から見る。大きな矩形の煙突のようなシャフトが印象的

吹き抜けの最上部にある滑車と鎖

一階の床は一段高く、出入口を除けば、窓の下端は周囲の地盤面から一・五メートル以上高いところにあり、ゼロメートル地帯における浸水対策が意図され、開口部の厚い鉄扉は防水仕様となっていた。二階も天井の高い広々とした空間があり、ここにも変電所の設備が設置されていた。

この一階と二階の部屋、そして設備をつなぎ換気の役割を担うシャフト（縦穴）が、建物南側に二か所確保され、外観からは二つの大きな矩形《くけい》の煙突が付けられているようである。

昭和二〇年（一九四五）八月六日も、建物の前ではいつものように電車が行き交い、通勤、通学の人々が先を急いでいた。が、閃光《せんこう》ののち、一〇秒近くたってから猛烈な風が吹き、人々が飛ばされ、周囲の建物は傾いたり、半壊あるいは全壊したりしていた。爆心地から四キロメートル近く離れているとはいえ、この宇品も原爆によって多大な被害を受けたのである。その中で南部変電所は、窓ガラスの大半は破損したものの、躯体の損傷はなく、内部の電気機器や計器類も無事であった。そのためここにつながる段原変電所が復旧できた八月七日には、送電を再開することとなった。ちなみに中国配電のデルタ内における発変電所の被害は、大手町変電所と千田町発電所は壊滅的であり、段原および三篠変電所がこれに次ぎ、南部、江波《えば》、庚午《こうご》変電所の被害は軽微であった。

その後中国電力宇品変電所と名前を変え、長く変電所としての役割を担ってきたが、新たな変電所の完成に伴い、平成六年（一九九四）、その用を終えることとなった。それから間もなく、平成八年に被爆建物に登録されたこともあり、これまで保存されてきた。一時中国電力関係の事務所として利用された時期があったものの、しばらく空いた状況であったが、所有者であるエネルギア不動産によって新たな利用者の募集がなされた。

それにいち早く注目したのは、現在のこの建物で営業しているソットスタッツィオーネのオーナー浜田龍司さんの知人で、不動産業を営んでいる播磨浩二さんであった。

変電所としての役割を終え、一階はイタリアンレストラン、二階はレンタルスタジオに

播磨さんは、いずれはイタリアンレストランをやってみたいと考えていた浜田さんのことをよく知っていた。実は、浜田さんは広島市内で一〇年ぐらいイタリアンレストランのコックとして働いていた経験があり、父の他界で家業の不動産業を引き継ぐことになり、播磨さんとも知り合うことになった。

浜田さんは、面白いところがあるから見に行ってみないかと、播磨さんに誘われた。見に来てみると、天井が高くて空間が広く、ヨーロッパの古い建物のイメージに似た感じもあった。こういう建物は広島市内を探してもなかなかない。こうした建物を利用する魅力を強く感じ、話を進めたという。

エネルギア不動産との協議はスムーズに進み、広島市の被爆建物関係の部署とも、大きな改造はしないことで特段の問題もなかったが、消防法というハードルが待っていた。この規模からすると、火災報知器はすべての部屋に設置しなければならず、協議の時間と合わせて、費用もかさむこととなった。また、レストランにする一階だけでなく、二階も、つまり建物全体を借りることとしたため、負担は大きかったという。

それでも平成二〇年（二〇〇八）七月末には工事に入ることとなった。この工事期間中、浜田さんや工事関係者を驚かせたことがあったという。それは、空調の配管のため壁に穴を開けようとすると、なかなか開かず、何とか開けてみると、厚さが三〇センチメートル近くあったということだ。地震があっても分からないぐらいの頑丈な建物でもある。

およそ三か月の内装などの工事を経て、平成二〇年一〇月、オープンを迎えることになる。合わせて二階は、「スリックスタジオ宇品」として、演劇、ダンス、催し物の練習、撮影などのレンタルスタジオとなり、運営は播磨さんが行っている。

変電所そのままの空間を生かす

60センチ幅のコンクリート柱や高い天井で重厚感が感じられる室内。奥のオレンジの扉は当時の防水仕様のものを残した

ソットスタッツィオーネの空間は、天井の高い空間を生かし、装飾は極力避け、変電所時代の名残を感じさせる造りである。オーナーの浜田さんがイメージを伝え、播磨さんが内装をデザインし設計したものである。使用する材料などは一緒に見にいき、細かいところや専門的なところは播磨さんに教えてもらい選んだという。

浜田さんは、レストランとし

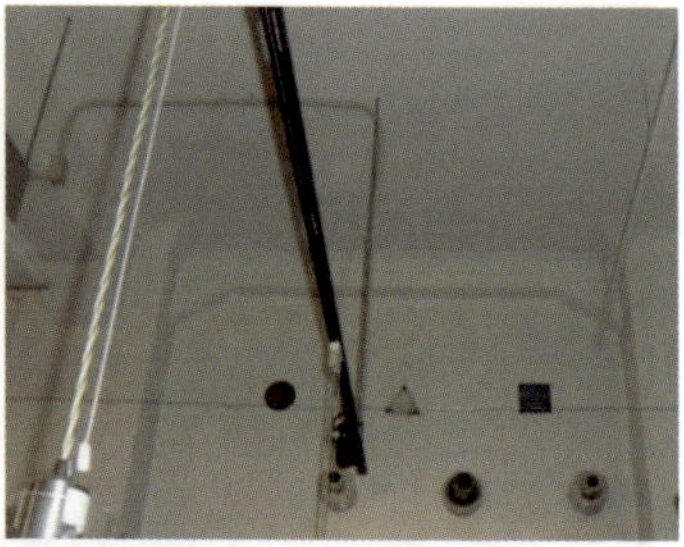
配線設備とその表示記号「○△□」もそのまま残されている

変電所当時の注意標識がトイレ内に残されている

てだけでなく、イベントができるような空間を創りたかった。テーブルだけでなくソファも置いて、ゆっくりできる空間。それにせっかく天井が高くて空間が広いので、それを生かしたかったそうだ。

そのため天井は張られておらず、梁や二階のスラブ*がむき出し、電線を通していた穴（設備）とその記号「○△□」もそのままで、それが不思議なアクセントになっている。やり替えたり、付け足したりしたのは、厨房とカウンター、床、電気や空調の設備、火災報知器ぐらいである。壁はそのままで、おそらく建設時と同じであろう。防水仕様の鉄扉は、建築時の色ではないだろうが手を入れず、そのままのオレンジ色で、モノトーンを基調とした中に異彩を放っている。新たにつり下げられた控え目な白い照明は、蔦《つた》についた可憐な花といったイメージで、天井の高さをより強調するデザインとなっている。

トイレは、客席の背後、西側にあり、事務所として使用されたとき、設備などは更新されたのであろうが、非常にゆったりとした明るい空間であり、「昇るな　あぶない」という

＊スラブ：建築物の床構造。

従前の標識もそのままである。また、階段室など、建物の所々にある「確認」という、おそらく建設時の標識も取り外すことなく残されている。

店舗に入ってすぐ右には小さなカウンターがあり、プロジェクターで映像が映せるようになっている。スクリーンは、変電所時代そのままの壁である。音楽関係のＤＶＤなどのほか、サッカーの試合を映すこともあるという。

ソファはあり合わせを持ってきたという。しかし、薄い灰色の内壁、鉄扉のオレンジ色、床の茶色をつなぎ合わせるような色合いで絶妙な空間の調和を演出し、半世紀以上前からここにあったような雰囲気を醸し出している。

高天井による音響の良さを生かした音楽イベントができるようにＤＪ装置もある

こうした空間では、浜田さんの意図していたように、時にはアーティストに来てもらいライブをしたり、ディスクジョッキーを招きダンスを含めて音楽を楽しんでもらうイベントを行ったりしている。最大六〇人ぐらい入ったという。アーティストに聞くと、音がよく、やりやすいという。

被爆建物を通じたさまざまな出会いと感動

浜田さんは、この建物を利用したいと思ったころは、それほどこれが被爆建物であることを意識していなかった。それが工事に入ったころから被爆建物であることを意識するようになったという。

左手エントランスの前の吹き抜け空間。洒落た前室になっている

平成二〇年（二〇〇八）のオープン前の工事中、近所の年配の人々から、ここは何になるのかとよく話しかけられたという。そのうちある年配の女性から手紙が届いた。読むと、「私は戦争を体験して、原爆が落ちた時は子どもを連れてさまよって大変だった。その当時の建物が新たに生まれ変わって、若い人たちが使ってくれるのは、ともしびがともったようで、非常にうれしい。がんばってください」と書いてあった。その時には、何か大変なことをしてしまった、続けていかなければいけないという思いにかられたという。

いろいろな人が来て、「すてきになったね」と言われると、非常に勇気づけられるという。宇品に住み、半世紀にわたって広島平和記念公園などの慰霊碑に献水を行ってきた宇根利枝さんもその一人であった。平成二四年（二〇一二）二月に他界されたが、広島市民賞を受賞した人である。その宇根さんもこの店をひいきにしていた。浜田さんはそういう人たちがたくさんいることで、がんばらないといけないという思いを強くしているという。

現在、外観を見るとそれほど特徴的なイメージはないが、できたころからこの地に住んでいた人々にとって、この建物は風景を特徴づける目立つ存在であった。そして被爆、復興と相まって、思い入れのある建物である。

天井高を生かしたバーカウンター

それを外観はそのまま、内部もほとんど装飾せず、機能は一八〇度違うレストランとしていることは、古い建物、そして被爆建物の可能性の広がりを示すものでもある。そこには個の感性、それを具体化する思い、さまざまな支えや人と人、心と心のつながり、感謝の気持ちがあることを強く意識し、日常や生業の中で次世代に受け継がれるヒロシマと、静かであるものの心に響く意思を感じるのである。そしてシンプルな中に豊かさを感じる料理とワインを口にするとき、変電所の空間と相まって、心の広がりや温かさ、希望ともいえる不思議な心持ちを、日々の喧噪《けんそう》を忘れて体感するのである。（山下和也）

ソットスタッツィオーネ
〈所在地〉広島市南区宇品御幸三丁目一七番七号
〈構造・階数〉鉄筋コンクリート造二階建て〈延床面積〉三六九平方メートル
〈建築年〉昭和一八年（一九四三）〈改修年〉平成二〇年（二〇〇八）
〈改修設計者〉播磨浩二〈現在の所有者〉株式会社エネルギア不動産

〔参考文献〕
被爆建造物調査研究会編『ヒロシマの被爆建造物は語る』（広島市平和記念資料館、一九九六年）
中国配電編『中国配電株式会社十年史』（中国配電、一九五三年）
広島市編『広島原爆戦災誌』第五巻（広島市、一九七一年）

広島市郷土資料館外観

広島市郷土資料館

（広島県広島市）……【明治期の工場→博物館】

日清戦争を契機に広島の軍事拠点としての役割がより高まる中で、明治三〇年（一八九七）三月、築港間もない宇品に陸軍中央*糧秣《りょうまつ》宇品支廠《ししょう》が創設され、明治三五年に陸軍糧秣廠宇品支廠と改称された。その後も施設の拡充が進められ、この建物は北側の食肉処理場とともに、明治四四年に建設された。当時、牛肉などを処理して缶詰にする工場は全国唯一のもので、最盛期には三五〇〇人の従業員が働いていたといわれる。しかし第二次大戦末期には、他の支廠への配置換えや疎開などで縮小されていた。

爆心地から三キロメートル以上離れているものの、窓ガラスが割れ、屋根の鉄骨が曲がる被害を受けた。煉瓦壁などの被害は軽微で、空きスペースが多数あったので、救護に向かった陸軍船舶部隊によって、

＊**糧秣支廠**：糧秣とは、兵士の食糧や軍馬の餌のこと。支廠とは、当時主要地域に配置された製造工場のこと。

曲がった鉄骨

広島市郷土資料館の正面玄関。
玄関の庇は改修時に復元

多数の被災者が運ばれてきた。

戦後、缶詰工場は国から民間事業者が借用し、昭和五二年（一九七七）まで操業したが、その後しばらく放置された状態であった。それを広島市が国から購入し、昭和六〇年に市の重要有形文化財に指定するとともに、建物全体のおよそ三分の一に当たる南側正面部分を保存し整備して、郷土資料館を開設した。近世以降の広島の暮らしや地場産業などに関わる展示を行っている。一方、旧缶詰工場の北隣に位置していた旧食肉処理場は、現在撤去されているが、戦後、スナック菓子（カルビー）の工場として利用された歴史があり、カルビー発祥の地でもある。

郷土資料館として再生された建物の南側正面は、一間半（約二・七メートル）のスパン*でバットレス*が設けられ、その間には縦長のアーチ窓が連続的に配され、煉瓦の赤と相まって、重厚さの中にリズミカルな雰囲気を印象づけている。また、正面中央の玄関の車寄せは、郷土資料館としての改修時に復元されたものである。その上部には四本の飾り小柱が彫刻的な雰囲気

＊**スパン**：柱と柱の間の距離。建物の基準の一つとなる。
＊**バットレス**：建物の壁から直角方向に突き出して設けられる補強用の壁、または装飾的役割を果たす柱形。控え壁ともいう。

を醸し出すように配され、さらに屋根にはドーマー窓*を模した飾り破風《はふ》が載せられ、玄関としての存在が強調されている。また、正面両翼の中間部には小さなペディメント*が設けられ、その上部屋根には半円の屋根窓があり、左右両翼のバランスをより感じさせている。

建物内部は煉瓦壁などの補強がなされ、資料館としての内装が全面的に行われているが、玄関に入ってすぐのところには、原爆の爆風で変形した屋根を支える鉄骨トラスが、そのまま保存展示されている。（山下和也）

広島市郷土資料館
広島市指定重要有形文化財（昭和六〇年（一九八五））
〈所在地〉広島県広島市南区宇品御幸二丁目六番二〇号
〈構造・階数〉レンガ、鉄筋コンクリート造平屋建て（現在は一部二階）
〈延床面積〉七七七〇平方メートル（建設時）
二二五九平方メートル（現在）
〈建築年〉明治四四年（一九一一）
〈改修年〉昭和五九年（一九八四）
〈改修設計〉広島市都市整備局建築部営繕二課、丹青社
〈現在の所有者〉広島市

＊**ドーマー窓**：西洋建築において屋根裏に採光するために屋根に設けられた窓。切妻の小屋根と垂直の開口部を持つ。「屋根窓」ともいう。
＊**ペディメント**：西洋建築における切妻の妻側屋根下部と水平材に囲まれた三角形の部分。日本建築の「破風」に相当する。

広島市水道資料館

（広島県広島市）

【大正期の送水ポンプ室→資料館】

水道資料館

海外との交易や人の動きが拡大した江戸末期ごろから、広島でも赤痢、コレラ、チフスなどの伝染病が発生し、明治に入ると頻繁に流行した。日清戦争に際し、大本営[*]が設けられ、明治天皇を迎えた明治二七年（一八九四）にも赤痢が発生している。また、大本営が設置される直前の同年八月には、内務省衛生局のお雇い土木技師で東京の上水道の計画、設計を行った英国人バルトンが、水道敷設の調査のために広島を訪れている。

こうした伝染病の流行と軍事的要請が重なり、明治天皇の勅令により、軍用水道建設へと進展し、合わせて市民用水道も敷設されることになり、明治三一年八月二五日の通水式を迎えるのであった。この例をみない勅令による水道布設を実現させた立役者

＊**大本営**：日清戦争から太平洋戦争にかけて戦時中に設置された大日本帝国陸軍および海軍の最高統帥機関。

旧緩速濾過池調整機上屋

である、当時の首相伊藤博文と陸軍中将児玉源太郎（のちの陸軍大臣）の書が、それぞれポンプ室と牛田取水門に石額としてはめ込まれていた。

原爆によって牛田浄水場も木造建物が倒壊するなどの被害を受けたが、停止した給水は応急修理で被爆当日のうちに再開した。しかし配水管の切断などで給水を受ける区域は限られていた。

昭和六〇年（一九八五）七月、送水ポンプ室は水道資料館、量水室は別館となった。

送水ポンプ室は、大正一三年（一九二四）に完成した鉄筋コンクリート造の建物で、間口約一六メートル、奥行き約九メートルの切妻造り平入りとなっている。外壁には煉瓦が張られ、四面にそれぞれ四本のバットレス*が設けられていることから、外観だけを見ると煉瓦建築ともいえる。南面の中央に入口があり、その上部はペディメント*風に外壁が立ち上げられ、切妻側の頂部も同様の仕上げとなり、山型の突起風に装飾されている。また、正面側の屋根には、左右に小さなドーマー*窓が設けられている。

内部は土間一室で構成され、各種設備などが配されていたが、資料館として改修する

＊**バットレス**：建物の壁から直角方向に突き出して設けられる補強用の壁、または装飾的役割を果たす柱形。控え壁ともいう。
＊**ペディメント**：西洋建築における切妻の妻側屋根下部と水平材に囲まれた三角形の部分。日本建築の「破風」に相当する。
＊**ドーマー窓**：西洋建築において屋根裏に採光するために屋根に設けられた窓。切妻の小屋根と垂直の開口部を持つ。「屋根窓」ともいう。

とき、二階が設けられ階段が設置された。そこでは広島市の水道の歩みや仕組み、太田川と暮らしなどについて学ぶことができる。

水道資料館のそばには伊藤博文の書「深仁厚澤《しんじんこうたく》」と、児玉源太郎の書「不舎晝夜《ちゅうやをおかず》」の石額が移設、保存されている。平成二一年（二〇〇九）には、経済産業大臣より近代化産業遺産として認定されている。（山下和也）

伊藤博文の書「深仁厚澤」の石額

広島市水道資料館
近代化産業遺産（平成二一年（二〇〇九））
〈所在地〉広島県広島市東区牛田新町一丁目八番一号
〈構造・階数〉鉄筋コンクリート造二階建て
〈延床面積〉約一五〇平方メートル（建設時）
約三〇〇平方メートル（現在）
〈建築年〉大正一三年（一九二四）
〈改修年〉昭和六〇年（一九八五）
〈現在の所有者〉広島市

〔参考文献〕
被爆建造物調査研究会編『ヒロシマの被爆建造物は語る』（広島市平和記念資料館、一九九六年）
三浦正幸ほか『広島県の近代化遺産』（広島県教育委員会、一九九八年）

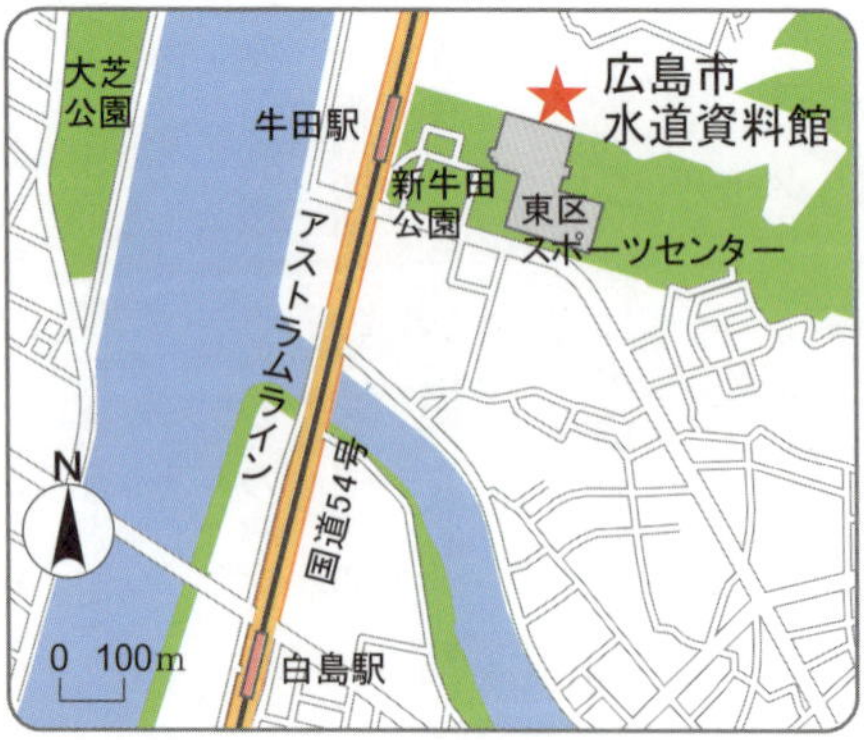

ぎゃらりぃ宮郷《みやざと》（広島県廿日市市）

【江戸時代の町家→ギャラリー、カフェ】

ファサードが統一された３棟続きの町家

江戸時代の町家をギャラリー、カフェに再生

観光客で賑わう宮島の商店街に並行して山側に町家通りがある。江戸時代にはここが宮島のメインストリートだった。ぎゃらりぃ宮郷の前身はそこで杓子《しゃくし》生産と卸問屋を営んでいた。離島での生産は、流通面で不利であることから、昭和五〇年代半ばに生産機能を本土側に移転させた。このため二〇〇年から二五〇年前に建てられた三棟続きの町家が残されていた。

オーナーである宮郷氏が、そのうちの二棟を一体的にリノベーションして、平成一五年（二〇〇三）にギャラリー兼カフェが完成する。もう一棟はオーナーの自宅となっているが、ファサード（正面）は格子長屋のスタイルで統一され、一つの歴史的な建

中庭に面した癒やしのカフェ

骨董家具にアンティークな商品が陳列され、かつて生産していた杓子もインテリアの一部となっている

物として見えるように工夫されている。

アートと癒やしの空間を創出

中に入ると、右手が貸しギャラリーである。陶器、オルゴール、絵画、デコパージュ*などの多彩な作品展が週単位で開催され、鑑賞者は無料で楽しむことができる。

建物奥のスペースは、坪庭に面したカフェとなっている。町家特有の中庭に配された緑が、こぢんまりとした小宇宙を生み出しており、観光に疲れた人々を癒やしてくれる。カフェにはオーナーの家人が利用したピアノや骨董《こっとう》家具などが並べられ、アンティークの商品展示とともに、落ち着いたアート空間ともなっている。

かつて二階は居室として利用されていたが、現在は一階から当時の小屋裏の木組みを露出させ、古民家の持つ広がりのある空間を演出して

＊**デコパージュ**：紙に描かれた絵を切り抜いたモチーフを作り、収納箱やケースなどに張りつけてニスを塗って仕上げる手芸の一種。

いる。

全国的にも著名な観光地である宮島で、人通りが絶えることのない商店街から一歩離れた町家通りには、こうした古民家を改修した店を数軒見かけることができる。アートと癒やしを提供してくれる古民家リノベーションは、世界遺産宮島にとても似合っている。（佐藤俊雄）

ギャラリーコーナーは無料で楽しめる

ぎゃらりぃ宮郷
〈所在地〉広島県廿日市市宮島町幸町東表四七六
〈建築年〉江戸時代中期
〈構造・階数〉木造二階建て
〈改修年〉平成一五年（二〇〇三）
〈改修設計者〉福島俊を建築設計室
〈現在の所有者〉個人所有

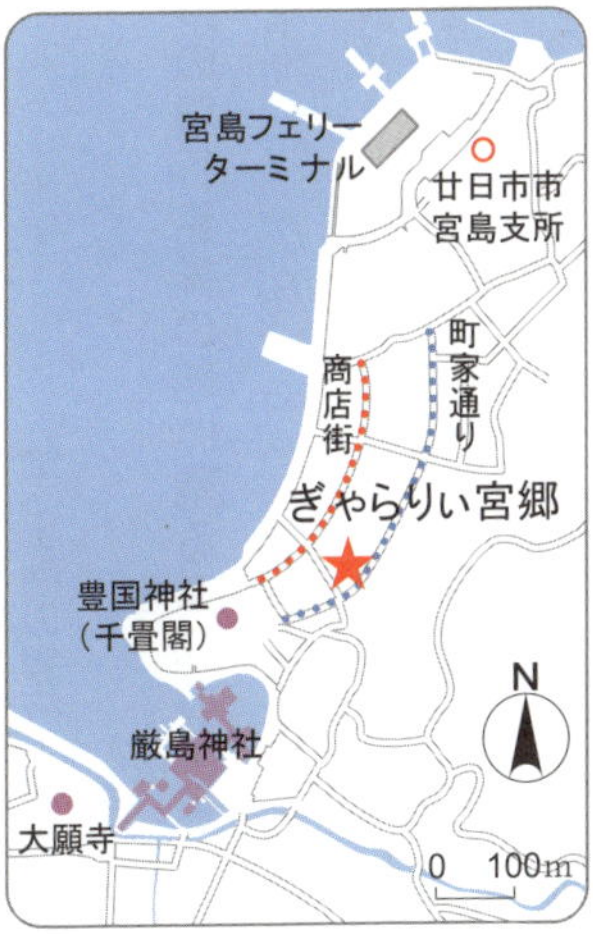

おのみち歴史博物館（広島県尾道市）

【大正期の銀行→博物館】

大正時代の尾道銀行本店。エントランスのデザインは後に改修された

角地側に設けられたエントランスのアーチが印象的なファサード

広島県の銀行発祥の地に残る商都の記憶

　明治期には広島県内で二番目に商業会議所[*]が設立された尾道市だが、港町としての商業力を生かして、銀行もいち早く設立されている。明治一二年（一八七九）には、現在の広島銀行へと発展した第六六国立銀行が尾道で開業した。また明治二八年には、住友家の重役会議が尾道で開催され、住友銀行の設立を決定し、同年に本店と同時に尾道支店を開業させている。当時、銀行の多くは現在の尾道市役所が立地する海岸沿いの通りから一本山側に入った通りに立地したため、そこは通称「銀行浜」と呼ばれていた。

　この建物の前身となる旧尾道銀行は、銀行

＊**商業会議所**：商工会議所の前身で、明治23年（1890）の条例に基づき、商工業者の意思表示および利益擁護を目的として、市域単位で組織された。

浜の角地に大正一二年（一九二三）に建てられ、その後は広島銀行として平成一七年（二〇〇五）まで営業していた。この建物での営業終了後、尾道市役所が借り受け、おのみち歴史博物館として再生させたものである。

同年に建造された尾道商業会議所の建物と比べると、外観はシンプルにまとめられている。外壁は煉瓦積みであるが、現在は樹脂材が吹きつけられ、保護されている。玄関が北西の角に作られており、上部のアーチが印象的だが、建造当初の写真には見られないことから、これはのちに作られたものであることが分かる。

銀行のイメージを伝える吹き抜け、カウンター、金庫

建物に入ると開放的な吹き抜け。当時の執務室にあった丸柱が建築遺産であることを物語る

建物内に入ると、建造当初にあった高さ約一〇メートルの吹き抜けが、エントランスホールとして再現されている。その二階部分には、吹き抜けを囲むように中回廊が見える。この中回廊は銀行管理上のものであろうか、かつての銀行建築によく見られる形式

大正時代の尾道銀行の営業室内。このカウンターの設置跡が、博物館のエントランスホールの床に残されている

だ。回廊の手すりは当時のものが使われている。ホールには尾道の江戸時代の町並みを忠実に伝える美術陶板展示*があり、貴重だ。床には銀行時代に使われていたカウンターの痕跡を見ることができるが、それを移設して博物館のカウンターとして活用している。

エントランスホールを抜けて展示室に入ると、尾道の近世を語る豪商ゆかりの歴史資料などが展示されている。左手には重厚な金庫の鉄扉が残されており、この建物がかつて銀行であったことを強烈にアピールしている。昭和三三年（一九五八）に設置されたもので、保存状態がよく金属の光沢を保ったままであり、アートのような存在感がある。奥の映像コーナーでは、郷土史家によっ

左手の金庫の堅牢な鉄扉が存在感を示す展示室

＊**美術陶板展示**：尾道市重要文化財『紙本著色尾道絵屛風』を陶板にしたもの。

て尾道の歴史が語られる映像などを見ることができる。二階は収蔵庫（非公開）になっている。尾道商業会議所記念館と併せて見学すると、中世、近世、近代を通じた尾道の発展の歩みをより理解することができる。（佐藤俊雄）

おのみち歴史博物館
尾道市重要文化財（平成一六年（二〇〇四））
〈所在地〉尾道市久保一丁目一四番一号
〈構造・階数〉鉄筋コンクリート造二階建て
〈建築年〉大正一二年（一九二三）
〈改修年〉平成一七年（二〇〇五）
〈改修設計者〉尾道市都市部建築課
〈現在の所有者〉株式会社広島銀行

〔参考資料〕
『尾道の町並み―尾道市歴史的建造物及び町並み調査　平成一八～二〇年度［第一部］』（尾道市、二〇〇九年）

銀行が集中し「銀行浜」と呼ばれた通りには、おのみち歴史博物館から数軒隣に旧住友銀行尾道支店（明治37年建設）も残されている（市役所分庁舎として活用中）

尾道商業会議所記念館

（広島県尾道市）……………【大正期の事務所→観光、文化交流施設】

玄関上部の御影石のレリーフに加え、御影石と白色陶磁器タイルが張られたファサードが格調高い

商都尾道を象徴する建物

尾道は平安末期に備後国大田荘《おおたのしょう》*（現在の世羅町）からの年貢の積出港となり、江戸時代には北前船*の寄港地として繁栄した。明治期になっても当時の物流の大動脈であった大阪、広島間の汽船寄港地として賑わうなど、港町としての長い歴史を有している。瀬戸内海における物流、商流の拠点として蓄積された富は、市内に数多くの社寺を築くとともに、明治期には広島県で二番目となる商業会議所*を設立させることとなる。

その設立三〇周年事業として、大正一二年（一九二三）には、商業会議所ビルが西国街道沿いに建設された。この通りは現在の尾道本通り商店街であり、江戸時代から明治、大正、昭和に至る尾道の賑わい

＊**大田荘**：平安末期に成立した後白河院を本家とする寄進地型荘園。
＊**北前船**：立ち寄る港で商品の仕入と販売を行う廻船で、江戸時代中期から明治にかけて北海道と大阪などを日本海経由で結び、近世の物流の大動脈として機能した。
＊**商業会議所**：次ページ。

装飾された塔屋。尾道を象徴する建物であったことがしのばれる

の歴史を継承している。

この建物、現存する鉄筋コンクリート造の商工会議所施設としては日本で最古のものである。昭和四六年（一九七一）の商工会議所移転後は、一時期、証券会社の事務所として利用された。その後は空きビルとなっていたが、当時の所有者から中心市街地の活性化に寄与することを願って、尾道市に寄付された。市では市民とともにその活用方法を模索し、平成一八年（二〇〇六）に尾道商業会議所記念館として再生させたのである。

かつての商業会議所のファサード。現在は商店街のアーケードに隠れて見えにくくなっている塔屋がシンボル性を与えており、威風堂々とした建物であったことが分かる

ファサード（建物正面）は一階が重厚な御影石張りで、当時の尾道経済人の心意気がうかがえる。玄関上部には「尾道商業會議所」と書かれ、曲線が用いられた御影石のレリーフ*が建物に格調を添えている。二階の壁面には光沢の美しい白色陶磁器タイルが張られ、規則的に並んだ窓の上部には控え目なアーチも見られる。建物の最上

＊**商業会議所**：商工会議所の前身で、明治23年（1890）の条例に基づき、商工業者の意思表示および利益擁護を目的として、市域単位で組織された。
＊**レリーフ**：浮き彫り細工。芸術品のほか家具や建築物の外装に使われる。

部の塔屋の装飾は、この建物が歴史的な建築遺産であることを雄弁に物語っている。

壁際には尾道の商工業の歴史が展示され、観光情報コーナーと休憩所が設置されている（1階）

再現された格調高い議場空間

一階は主に尾道の商工業の歴史展示に使われており、市民にとっては誇りある尾道の歴史を語り継ぎ再確認する場であるとともに、観光客に対しては尾道の歴史と観光情報を提供する場となっている。

二階には大正期当時の議場が再現されている。議場は弧状の机が並ぶ階段式のもので五五席ある。当時の商業会議所の役員たちが議論し、物事を決定する場だ。三層しかない建物の一層を、このように固定式の議場としていることはとても興味深い。当時の経済人たちが経済や政治に関する幅広い情報交換を活発に行うようすを想像させてくれる。議場は当時の写真などを基に再現したものである。今の基準から見ると席のスペースは狭く感じられるが、そのことがこの空間を緊張感あるも

円弧状の机が階段式に構成された2階の議場。ミニコンサートなどにも利用されている

のとし、当時の経済人たちのつながりを強くしたのではと思わせる。壁の内装仕上げにはベージュの唐紙《からかみ》が使われるなど、丁寧に復原されており、格調高い空間に仕上がっている。この議場には中三階があり、そこも含めて多目的貸室として、ミニシアター、ライブ活動などに活用されている。空間のボリュームがあるので、音響がよいという。小学生の詩の朗読会には収まりきれない聴衆が集まり、入れ替え制で開催されたという逸話も残っている。三階は公開されていないが、倉庫として利用されている。NPO法人プラットフォーム・おのみちが市から委託されて運営している。（佐藤俊雄）

尾道商業会議所記念館　尾道市重要文化財（平成一六年（二〇〇四））
〈所在地〉尾道市土堂一丁目八番八号
〈構造・階数〉鉄筋コンクリート造地上三階地下一階建て
〈延床面積〉四二四平方メートル〈建築年〉大正一二年（一九二三）
〈改修年〉平成一八年（二〇〇六）〈改修設計者〉尾道市都市部建築課
〈現在の所有者〉尾道市

〔参考文献〕
『「尾道の町並み—尾道市歴史的建造物及び町並み調査　平成一八〜二〇年度［第一部］」』（尾道市、二〇〇九年）

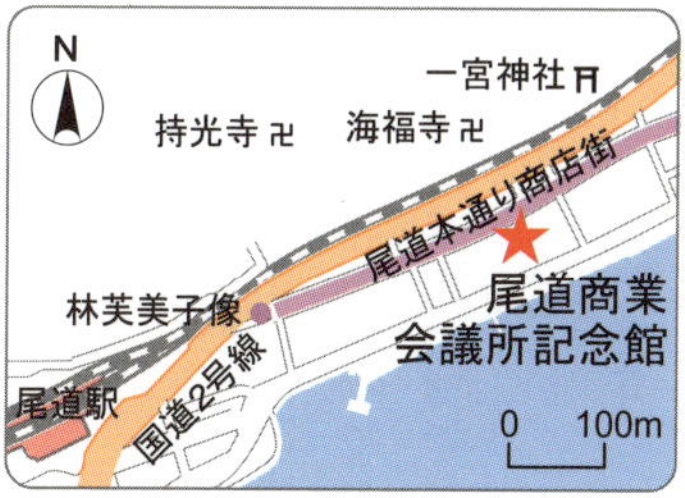

＊唐紙：中国の唐から伝わった美術紙で、貝殻をすりつぶした粉や雲母などを用いて、板木で模様が刷られている。平安時代には詩歌を書き記す紙として使われ、その後ふすまに貼られるようになった。

〔コラム〕原爆に耐えた建築遺産（広島県広島市）

旧日本銀行広島支店（広島市中区）

南西側から見た旧日本銀行広島支店

旧日本銀行広島支店は、広島市の中心市街地の南北軸である鯉城通りに面する唯一の戦前の建物であり、爆心地近くで全体が残る数少ない被爆建物でもある。

広島に日本銀行が設置されたのは明治三八年（一九〇五）である。辰野金吾*と長野宇平治の設計により、広島出張所として木造洋風建築が水主町《かこまち》（現在の中区加古町）に建てられた。業務拡大に伴い支店に昇格し、さらに新しい金融街が形成されつつあった電車通り（現在の鯉城通り）への新築移転に際し、昭和一一年（一九三六）にこの建物は生まれた。設計者の長野は、戦時体制を反映したようなシンプルさの中に古典様式を用い、秩序と安定感のある銀行

＊辰野金吾（嘉永７年（1854）〜大正８年（1919））：わが国の近代建築創成期を代表する建築家。帝国大学工科大学（現在の東京大学建築学科）学長を務め、長野宇平治、伊東忠太、武田五一などの人材を育成した。

建築をもたらすとともに、この建物は金融街形成の仕上げのような役割を果たした。

被爆時、一階と二階は日本銀行、三階は広島財務局が使用していた。鎧戸《よろいど》を開けていた三階は内部が大破し全焼、職員一二人が死亡した。一階と二階は大破を免れたものの、五人が死亡している。被爆直後の米軍の調査報告書では、非常に高い強度とされている。外壁の鉄筋コンクリートの厚さは三〇センチメートルに達し、その外側に一五センチメートルの花崗岩などを張っていたのである。

旧営業室の大空間は文化的な展示空間として暫定利用されている

被爆当日は臨時病室として利用し、八日からは支払業務を開始した。当分の間は爆風で破壊された営業室のトップライトを通して青空が見え、雨天時には傘も必要だった。

日本銀行広島支店は平成四年（一九九二）に基町《もとまち》に移転し、その後この建物は広島市の重要文化財指定を経て、平成一二年には日本銀行から広島市に無償貸与され、各種の催し会場として暫定利用されている。

被災した窓枠などの取り替え、背後への増築、北面増築部分の撤去跡、トップライトの撤去を除けば、現在でも外観は建築時の姿である。特に、全体を見ることのできる建物正面（西側）や南側はほぼ完全な形で残っている。

外壁は石張りで、その水平目地に加え、規則正しく並んだ矩《く》形の開口部、軒蛇腹*（コーニス）などが共鳴し、水平ラインが強調される中で銀行建築に求められる秩序と安定を感じることができる。正面中央の三スパンには、一、二階を通す角形付柱のイオニア式*大オーダー*が配され、その部分だけ軒が出されたり、小庇《こびさし》が付けられたりして、秩序の中に中心性が表現されている。

当時の趣を残した２階の資料室

内部に入ると往時のトップライトはふさがれているが、旧営業室の大空間が広がり、それを取り巻く二階のギャラリーも意匠を保っている。焼けた三階部分は内装が一新され、大空間の列柱のコリント式*柱頭飾りも取り除かれているものの、その他は往時の姿を色濃く残し、地下の旧金庫室なども公開されている。

戦前、さまざまな近代建築が建ち並んでいた電車通り（現鯉城通り）の金融街に、唯一残る建物でもある。

旧日本銀行広島支店　広島市指定重要文化財（平成一二年（二〇〇〇））
〈所在地〉広島県広島市中区袋町五番二一号
〈構造・階数〉鉄筋コンクリート造地上三階地下一階建て
〈延床面積〉五四六六平方メートル　〈建築年〉昭和一一年（一九三六）
〈設計者〉長野宇平治（日本銀行臨時建築部）　〈現在の所有者〉日本銀行

（※ 地図はアンデルセン本店参照）

＊軒蛇腹（コーニス）：軒に帯状に突出する装飾。　**＊イオニア式**：古代ギリシャ建築における建築様式の一つ。渦巻き装飾の柱頭を持つ。
＊オーダー：古典主義建築の基本単位である円柱と梁の構成法。
＊コリント式：古代ギリシャ建築における建築様式の一つ。アカンサスの葉をモチーフとした華麗な表現を特徴とする。

旧広島文理科大学本館（旧理学部一号館）（広島市中区）

旧広島文理科大学本館

広島大学の統合移転で空き家となっている旧広島文理科大学本館は、他の建物が取り壊され、広場の中に一棟だけ取り残されたようにたたずむ。外壁のスクラッチタイル*は、所々はげ落ち、劣化が進みつつある。

この建物は、昭和四年（一九二九）の広島文理科大学の設置に伴い、その本館として昭和六年にコの字型で完成し、さらに昭和八年には増築されてヨの字型となった。正面の間口は八〇メートル近くあるなど、巨大な建物であり、玄関ホールには大理石が張られるなど、高価な材料も用いられていた。

＊**スクラッチタイル**：形成後、表面を櫛引きして浅い平行の溝をつくり、それを焼成した粘土タイル。

旧森戸道路の延長線上に位置する旧広島文理科大学本館

戦局が悪化していた昭和二〇年（一九四五）六月には、三階と二階の一部を接収し、本土決戦のための地方行政機関である中国地方総監府が置かれた。その機能を十分発揮せぬまま、原爆によって建物は全焼する。学徒動員されていなかった学生や南方特別留学生などが、大学構内やその他市内各所で被爆し、教職員を含め、その年の暮れまで一三四人が死亡している。

被爆直後、暗闇の中を手探りで脱出する際、壁面に血痕が残った。昭和三三年、改修の際にそれを切り取って二つの衝立《ついたて》を作った（今は広島大学東広島キャンパスの理学部に展示）。また、広島大学の理学部一号館となり、復興期における教育環境の確保に寄与するとともに、キャンパスの軸線（森戸道路*）のアイストップにもなっていた。

建物内部は中廊下式で構成され、その両側に研究室や教室などが配されている。玄関は建物中央にあり、風除室《ふうじょしつ》、玄関ホールへと続き、左右にメインの階段がある。建物両翼にも階段があり、四五度に振られ、両方からのアプローチに配慮されている。

＊**森戸道路**：正門から理学部１号館に至るメインの道路で、初代広島大学学長を務めた森戸辰男の名を取って付けられた。

タイルの一部が剥離、落下している外壁

外観は大壁《おおかべ》*造で、同様の縦長矩形の窓が三層のほぼ全体にわたって連なる。一階窓台より下は花崗岩を、それより上部は焦げ茶色のスクラッチタイルをほぼ全面に張り、落ち着きと安定感を醸し出している。正面中央の玄関では、太い丸みを持たせた柱形を採り、上部で細くするなど変化を持たせるとともに、上部のパラペットをわずかに高くし、両翼に伸びる水平性を強調した意匠の中で、建物の中心性を表現している。

戦前の時計台を配置した教育施設の建築とは異なる、昭和初期の大規模建築でもある。

旧広島文理科大学本館

〈所在地〉広島県広島市中区千田町一丁目一番八九号
〈構造・階数〉鉄筋コンクリート造三階建て
〈延床面積〉一万二〇平方メートル
〈建築年〉昭和六年（一九三一）
〈設計者〉文部省大臣官房建築課
〈現在の所有者〉国立大学財務・経営センター

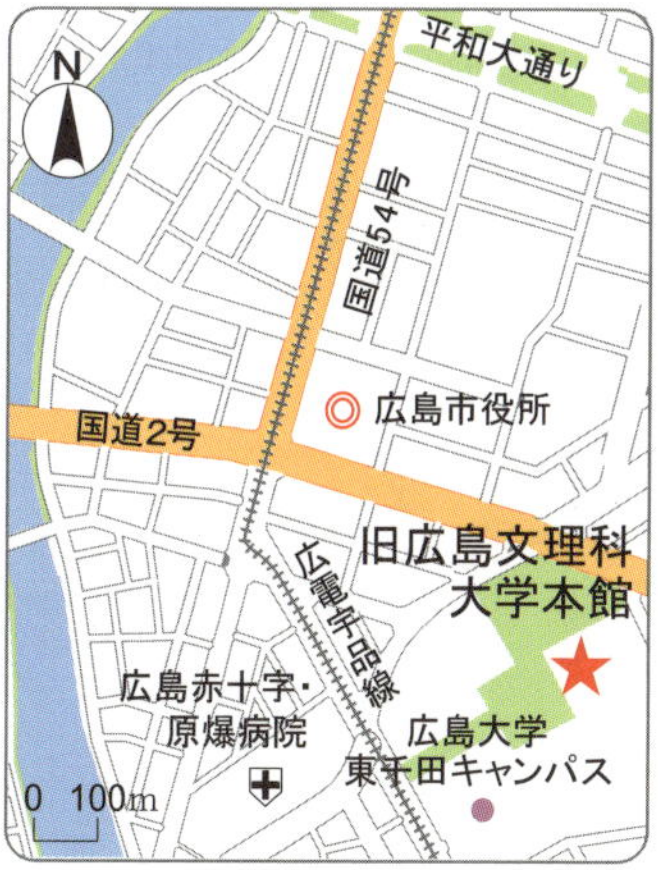

＊**大壁造**：柱が外から見えないように壁面で覆い隠すようにした構造。

旧広島陸軍被服支廠《ひふくししょう》倉庫（広島市南区）

旧広島陸軍被服支廠（南側の棟）

比治山の南、県立広島工業高等学校や広島皆実高等学校などのある広い街区は、広島陸軍被服支廠《しょう》の跡である。その南西側には四棟の巨大な建物が連なり、壁面はL字型に五〇〇メートル近く続き、壮大な煉瓦の風景を生み出している。これだけの長さの直線状の煉瓦造は、巨大建築の東京駅（真っすぐな建物ではないが）を除けば、少なくとも日本にはないはずだ。

この地が軍用地となったのは、日露戦争の最中、日本海海戦の直前に当たる明治三八年（一九〇五）四月、陸軍被服廠広島派出所が置かれてからであり、明治四〇年に支廠に昇格した。被服支廠とは、軍服、軍靴などを製造、修理、保管、供給するところだ。この四棟は倉庫として大正二年（一九一

爆風で湾曲した鉄扉

南西側から見た旧広島陸軍被服支廠。左側（西側）の鉄扉は爆風で湾曲している

三）に建てられ、耐震性への配慮から鉄筋コンクリートが用いられ、かつ煉瓦は純然たる化粧ではなく構造体の一部にもなり、両者を合わせると壁厚は六〇センチメートルにも及ぶ。わが国で最初に鉄筋コンクリートが建物に用いられたのが、二〇世紀初頭といわれているので、いち早く取り入れられたことになり、現存する鉄筋コンクリート造の建物としてはわが国では最古級となる。

原爆によって、爆心地から三キロメートル近く離れているこの建物も鉄扉が湾曲するほどの被害を受けたが、火災は発生せず、直後から臨時救護所となり、多くの被爆者がここで息を引き取った。そのようすを詩人の峠三吉は原爆詩集『倉庫の記録』に記している。

四棟のうち西側の三棟は規模、形態とも同じであり、南側の一棟は西側の建物よりやや桁行きが長いが、ほぼ同じ形態である。西側三棟は一五スパン*であり、五スパンごとに仕切壁を設け、三区画で構成し、仕切壁は屋根

＊スパン：柱と柱の間の距離。建物の基準の一つとなる。

に突き出している。南側の棟は、中央の区画が七スパンである。外壁はイギリス積み*であり、一スパンごとにバットレス*が付けられ、一、二階が同型となった矩形の窓とともに、リズミカルなファサード（正面）となっている。

戦後、この地には学校などが立地し、四棟の建物はしばらくの間、広島大学の学生寮と日本通運の倉庫として利用された。今は空き家となり、爆風で湾曲した鉄扉はさびつき、時の流れを物語っている。（山下和也）

旧広島陸軍被服支廠倉庫
〈所在地〉広島県広島市南区出汐二丁目四番六〇号
〈構造・階数〉鉄筋コンクリート造レンガ張り三階建て
〈延床面積〉約二万一七〇〇平方メートル
〈建築年〉大正二年（一九一三）
〈現在の所有者〉広島県、中国財務局

〔参考文献〕
被爆建造物調査研究会編『ヒロシマの被爆建造物は語る』（広島市平和記念資料館、一九九六年）
三浦正幸ほか『広島県の近代化遺産』（広島県教育委員会、一九九八年）

＊**イギリス積み**：煉瓦の積み方の一種。小口面と長手面とが一段ごとに交互に現れるように積む。
＊**バットレス**：建物の壁から直角方向に突き出して設けられる補強用の壁または装飾的役割を果たす柱形。控え壁ともいう。

山口市菜香亭《さいこうてい》

（山口県山口市）

【明治期の料亭→観光、文化交流施設】

南側全景。県の野田公舎跡地に、最も華やかだった昭和11年（1936）当時の姿で移築、復元された

歴史と保存の経緯

県都山口市の中心部にある大殿《おおどの》地区は、「大内文化特定地域」*に指定されている地区もあり、中世「西の京」以来の歴史と伝統を誇る地域である。その昔、大内氏第二四代の弘世《ひろよ》が京都にあこがれ、賀茂川に見立てたという一の坂川がゆったりと流れ、京都に似せた大路、小路の通りを巡らせ、それらに面した多くの町家が今も建ち並ぶ。そんな歴史環境を残す中心部から北東に約五〇〇メートル、野田神社や今八幡宮など数多くの神社仏閣が建つ場所に並ぶように、この菜香亭は建っている。こんもりとした山の緑を背景に、幾重にも重なる銀黒の甍《いらか》の波がまずは目に映る、堂々とした近代和風建築である。

＊**大内文化特定地域**：中世大内氏の時代から育まれた歴史資源が多く残り、経済や文化などにおいて山口市内への波及効果が期待できる地域として、山口市が設定したもの。市は「点在する歴史的遺産等を有機的に結びつけ、過去、現在、未来へと大内文化の香りが伝わるまちづくりを進めていく」としている。

実は、この建物は元からここに建っていたのではない。およそ一〇年前、五〇〇メートル南西にある大殿地区の中心、八坂神社境内の一角から移設、復元*されたものなのである。

そもそも菜香亭の歴史は、遠く明治期にさかのぼる。明治維新を機に、毛利家藩主に従って山口に移ってきた藩の膳部職《ぜんぶしょく》*の斎藤幸兵衛《さいとうこうべい》が、明治一〇年（一八七七）ごろ、その八坂の地で料亭を創業したのが始まりである。明治二〇年には、東隣に西洋館が増築され、近代西洋料理の店を創業したという。「菜香亭」という名称は、この店を贔屓《ひいき》にしていた明治の元勲井上馨《かおる》が、斉藤幸兵衛の名前「斉」と「幸」をもじって命名したもので、今も井上の「菜香亭」の扁額《へんがく》*が残されている。この料亭を巡っては、井上のほか、伊藤博文、桂太郎、山県有朋など実に多くの政治家の名が登場する。例えば明治期には、伊藤を迎えての毛利敬親の法要や井上の還暦祝賀会、大正期にはサビエル記念碑建立の祝宴、昭和期には山口市制施行の祝賀会、佐藤栄作元首相のノーベル平和賞受賞祝賀会などの記録が見える。つまりこの建物は、山口の重要な歴史の舞台としての役目も果たしてきたと言ってよい。

その菜香亭は、平成八年（一九九六）に一二〇年に及ぶ料亭としての役割を終えたが、建物があまりに立派なため、お茶会や和楽器演奏会などで市民に継続的に利用さ

＊**「復元」と「復原」**：「復元」は失われていた建物を当時のように再現する場合や、一部推測に基づいて再現する場合を指す。「復原」とは、改修等で形が変わっていたものを当初の姿に戻すこと、あるいは旧部材や文献などに基づいて再現すること。

＊**膳部職**：料理を扱う人。料理人。

＊**扁額**：建物の内外の高い位置に掲出される額で、著名人が揮毫することもみられる。

れるようになった。そのうちこの建物の維持存続を望む市民グループ*が署名活動などの保存運動を行い始め、最終的に五〇〇〇人を超える署名とともに平成一二年に請願書を市議会宛てに提出した。こうした市民の熱意を受ける形で、同年の市議会において全会一致で採択されている。さらに平成一五年には、五代目女将の斎藤清子*さんから、この建物が扁額《へんがく》や調度品とともに山口市に寄贈され、市は本格的にこれら和風建築保存に取り組むこととなったのである。

近代和風建築としての特徴

移築される前のこの建物は、東側から「A.本館」「B.居住部」「C.新館」の大きく三つのブロックからなっていた。市は平成一三年度（二〇〇一）に現況調査を実施し、平成一四年度に解体工事に並行して記録作成を行っている。これらの報告書によれば、それら

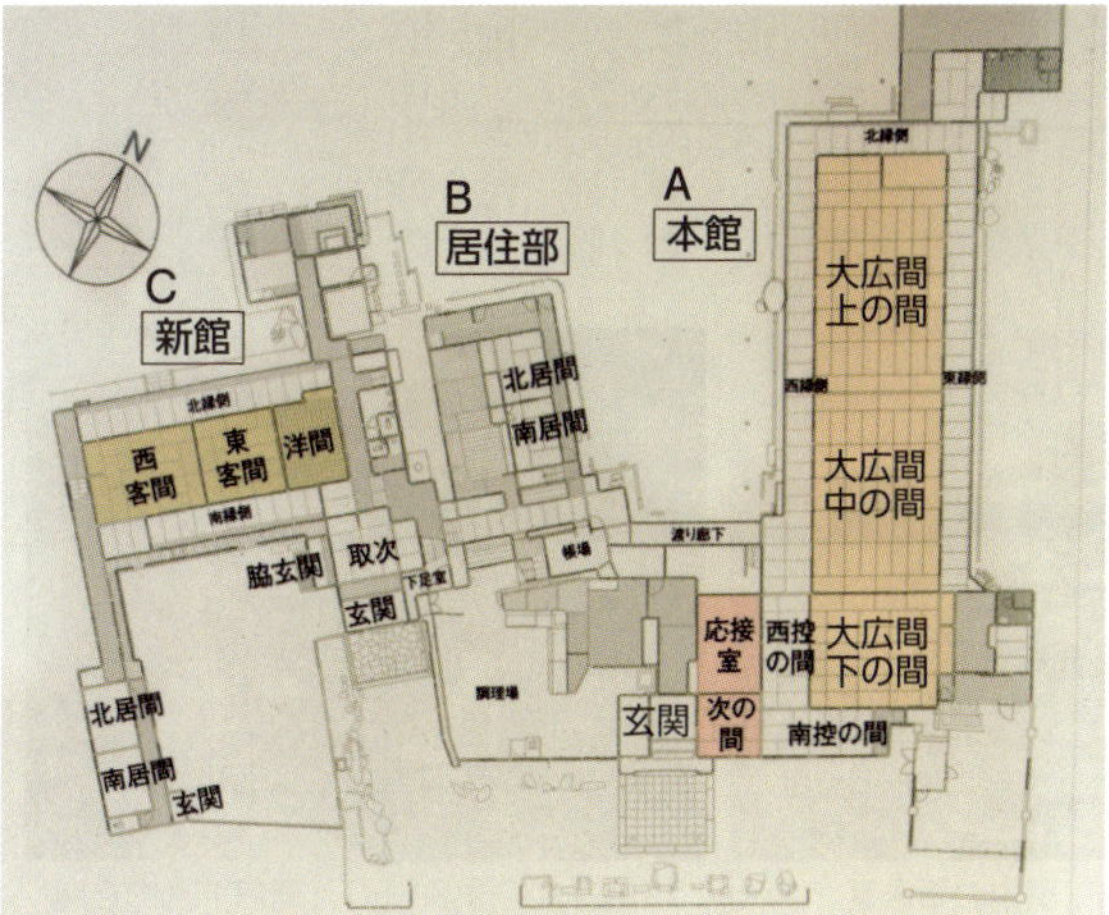

移設前の菜香亭の平面図（菜香亭パネルより）

＊**市民グループ**：具体的には「大内文化まちづくり協議会」「菜香亭と十朋亭をチョッと素敵に甦らせる会」など。

＊**斎藤清子**：山口市の元名門料亭「菜香亭」の５代目の名物女将。昭和13年（1938）、21歳で５代目を継いだ。山口弁の物言いと気さくな人柄で「おごうさん」と呼ばれ、多くの人から親しまれた。平成23年（2011）５月死去。

の建築的特徴は以下のようにまとめられている。

・「A．本館」部にある旧洋館（明治二〇年（一八八七）ごろ）の建築を始まりとして、明治、大正、昭和にわたりおおよそ六次の増改築が重ねられている。

・最古の旧洋館は「擬洋風*」が混在しており、明治中期の擬洋風建築としての価値が認められる。「擬洋風」とは、正規の建築学を学んだ建築家によって設計された建物ではなく、地元の大工が見よう見まねで建てたものである。山口県内では、現在は国の重要文化財に指定されている上関町の四階楼（明治一二年建設）がその様式である。

・「A．本館」大広間の小屋組は、明治になって導入されたキングポストトラス*という新工法が用いられている。

・「B．居住部」の特に二階の客間においては、ガラス戸で囲われた庭の望める縁側など、当時の安らぎのある居住空間を伝えるものとして建築的価値が高い。

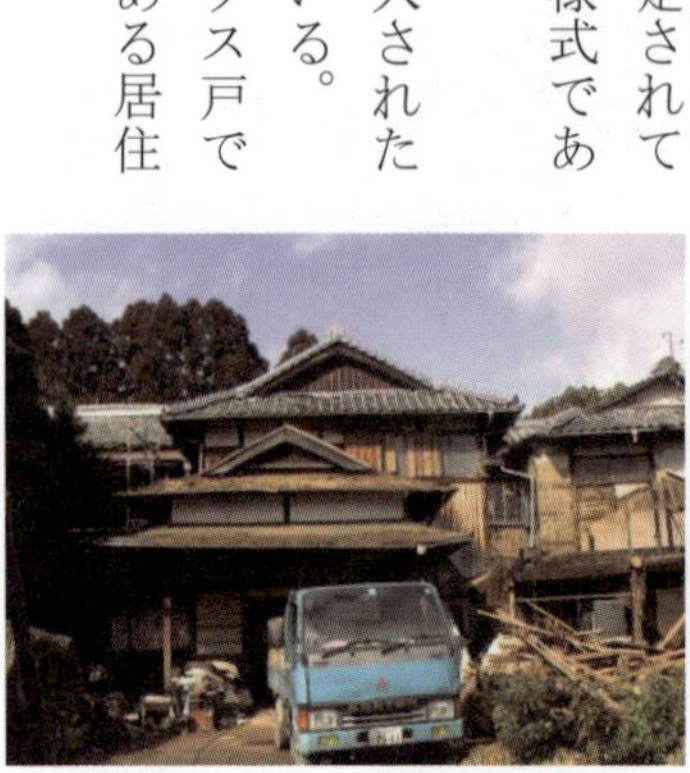

解体、移築工事中の菜香亭
（平成15年（2003）１月）

移築前の菜香亭。「C．新館」部の玄関である

＊**擬洋風**：明治時代初期に西洋の建築を日本の職人が見よう見まねで建てたもの。伝統的な技法をベースにしながら、西欧に由来するデザインを消化、吸収した日本独自の造形である。
＊**キングポストトラス**：トラス構造のうちの一つ。キングポスト、登り梁、方杖からなる構造を持ち、強度にも優れ、トラスの代表といわれる。

こうしたことから、移築保存に関する提言では、この菜香亭が「最も華やかだった昭和一一年（一九三六）当時の姿」で、「A．本館」「B．居住部」を中心に残されることとなったのである。一方、現地保存か否かについては、この敷地全体が大内氏遺跡の「築山跡」の地内にあるため、「史跡の整備活用と歴史的建物の保存活用の両施策を実現するため」現在の地へと移築が決定された。ちなみに、この地はもともと毛利氏を祀る野田神社の所有する土地であり、戦後間もないころから県の職員公社数棟が建ち並んでいた。老朽化に伴って全面移転し、その後すべて解体され、しばらく空地のまま放置されていた。比較的近隣にこうしたまとまった広さの移転先があったのも、幸運だったといえよう。

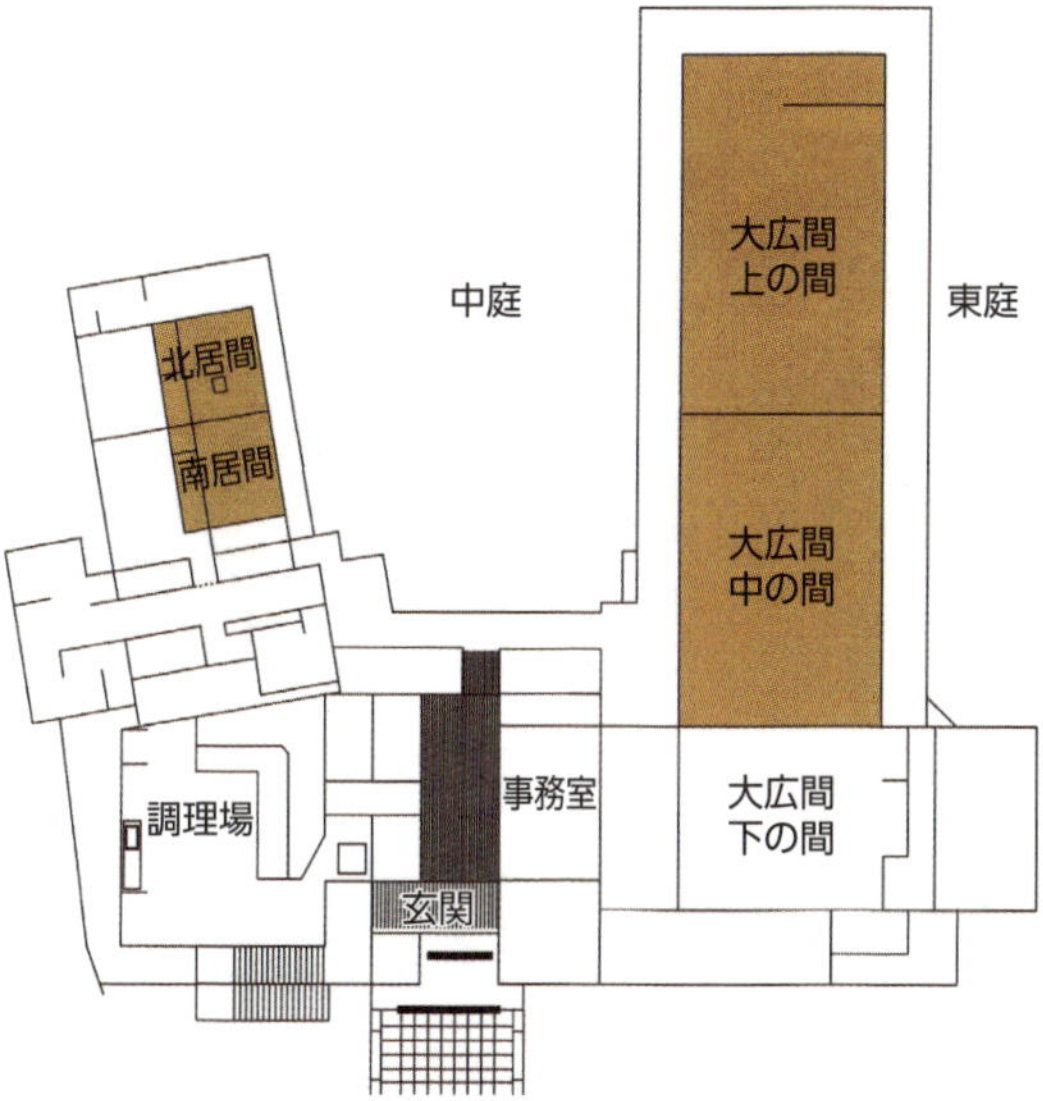

移設後の菜香亭の１階平面図
※「大広間下の間」の二階に会議室（洋館）、「北居間」の二階に北客間（佐藤栄作の間）がある

菜香亭の見所

さて、移築された「山口市菜香亭」に入ってみよう。突き出た形の車寄せ、玄関部は前より小ぶりだが、形態や意匠はそのまま継承されている。玄関を入ってすぐ、板の間を通して中庭が見える。この中庭は大正一五年（一九二六）の*池泉《ちせん》鑑賞式庭園が復元されているし、庭石や灯篭《とうろう》も移設されている。

本館大広間の「上の間」「中の間」。手前に「下の間」がある。両側上部に19の扁額が飾られている。天井の小屋組が見える工夫がされ、また廊下には耐震補強の鉄骨柱が立っている

右手が「A．本館」、左手が「B．居住部」である。配置図で確認すると、移築された建物は、「A．本館」と「B．居住部」、それとそれらをつなぐ「D．事務、調理場」のブロックとなる。「A．本館」と「B．居住部」は、一〇度くらいの微妙な傾きを持って配置されているのもそのまま継承されている。また、黒光りしていた廊下の板材、大正一五年にベルギーから輸入されたといわれる窓ガラスなど、部材の多くがそのまま使用された。

一番の見どころは、玄関から入って右手、「A．

＊**池泉鑑賞式庭園**：池を庭の中心とし、園路（苑路）を巡らせ、そこを歩いて回れるようにした様式の庭。歩くにしたがって庭の景が変化するのを楽しむ。

旧洋館部分は擬洋風建築。外壁の下見板張り、漆喰塗りの軒蛇腹、両開き窓などが洋風の特徴を見せる

本館」の大広間である。菜香亭の見学料は無料だが、この広間だけは一〇〇円を払う。東西の両庭園に突き出した配置で、両側に縁側のある大広間は、北から五二畳、中の間が四八畳、下の間が二八畳、合計で一二八畳もの広々とした和風部屋だ。これらは襖で仕切られてはいるが、一体的利用も可能である。空間的には上の間と中の間は、主に和風様式の部屋そのものや扁額を見せる場であり、下の間は所蔵品である漆器や陶器、調度品などを見せる博物館的な場となっている。

少し建築技術的な話になるが、この伝統の大空間を支える小屋組は、先に述べたキングポストトラス構造である。だが、さすがにこれだけの大空間を現代に継承するには構造補強が必要だった。先の報告書には、「イ．鉄骨独立柱案」と「ロ．鉄骨骨組＋水平トラス梁案」が提案されているが、結果として大広間に鉄骨柱を出さないようにするため、前者が採用された。広間の東西の両廊下側に回ると、桁《けた》を外側から支える独立の鉄骨柱が、控え柱のように連続して並んでいるのが分かる。また、天井の一部は透明ガラスとなっていて、天井裏にある小屋組の梁などが見え、明治からの建築技法を見せる工夫がなされている。

伊藤博文、佐藤栄作ら多数の著名人の扁額は圧巻である。もちろん名付け親の井上馨の書もある。こうした文化財や所蔵品に囲まれたこの大広間に静かに身を置くと、思わず居住まいを正したくなる。また、筆者が社会人となってすぐの職場の歓送迎会は、まさにこの大広間だったし、友人の何人かはここで結婚式を挙げた。この広間を訪れるたび、その時の記憶が懐かしくもよみがえる。

２階北客間「佐藤栄作の間」。多くの客間が利用できるが、この部屋が最も格式が高い

この「A．本館」には、一部二階部分がある。山口で最初の洋食屋が営まれた部屋であり、ここは和風でなく洋風で復元したものだ。外観上、外壁の下見板張り*、漆喰《しっくい》塗りの軒蛇腹*、縦長の両開き窓などが洋風の特徴を見せる。部屋内は大広間と対象的に黒い板張りであり、内装の白い漆喰の壁などに囲まれたシンプル

＊**下見板張り**：建物の外壁に、長い板材を横に用いて、板の下端がその下の板の上端に少し重なるように張ること
＊**軒蛇腹**：軒に帯状に突出する装飾

な造りとなっている。洋風ではあるが、いずれも正式な西洋の意匠ではなく、地元の大工が見よう見まねで建てた擬洋風の様式である。

次の見どころは「B．居室部」の二階の北客間である。ここは佐藤栄作元首相が山口を訪れるたびに好んで使用していたことから、「佐藤栄作の間」とも呼ばれる。床の間にはその佐藤栄作氏の微笑んだ顔写真が飾られている。襖や障子、建具類はそのまま使用されている。また北縁側からは、庭の大岩、灯篭、もみじなどの木々、そして本館の大屋根が見渡せ、ひじ掛け椅子に座って気持ちもゆったり落ち着ける。佐藤は広い庭を見ながら、ここでどんな政治構想を練っていたのだろうか、などと思いを馳せることもできる。

「佐藤栄作の間」からは復元された池泉鑑賞式庭園が一望できる

現在の活用について

時代のすう勢とともに変貌を遂げてきた菜香亭。料亭から、現在は「山口市菜香亭」と命名された公共施設となり、市民の文化活動の場として多くの人々に活用されている。平成八年（一九九六）から始まった「アートふる山口*」という地域のお宝を公開する市民の祭りでも、ここは毎年主要な舞台となっている。

また移設後には、お茶席、ミュージアムショップ、レンタサイクルなど、観光拠点としてのさまざまなサービスも開始された。その中でもケータリングは人気サービスの一つだ。筆者も山口近代建築研究会*やまちづくり交流会などで、仲間や学生たちと何度か使わせていただいたが、老若男女が格式のある大広間で飲食をともにしながら語り合うのは、実に楽しく、心がいつもより打ち解けあう。それはこの菜香亭という歴史的な空間でしか味わうことのできない体験なのである。見るだけではない、元々の料亭としての活用ができるのは、この施設のもう一つの魅力だといえよう。

現代に生まれ変わった菜香亭は、新たな山口の観光と文化の交流拠点として、今後も新たな歴史を刻み続けることだろう。（原田正彦）

学生とのまちづくり交流会の大広間でのひとコマ。ケータリングが整い、飲食が自由にできるように配慮されている

＊アートふる山口：一の坂川周辺で手作りの展示会場を設け、地域の人々と触れ合いながら、気軽に山口の町並みを楽しんでもらおうという目的で企画された市内最大級の住民参加型のイベント。平成８年（1996）から開催。

＊山口近代建築研究会：次ページ

山口市菜香亭

〈所在地〉山口県山口市天花一丁目二番七号
〈構造・階数〉木造二階建て
〈延床面積〉二九二七平方メートル（改修前）　九九二平方メートル（改修後）
〈建築年〉明治一〇年（一八七七）ごろ
　明治二〇年ごろから大正、昭和にわたりおおよそ六次の増改築
〈改修年〉平成一六年（二〇〇四）移築復元　〈改修設計者〉山口市都市整備部建築課
〈現在の所有者〉山口市

〔参考文献〕
文化財建造物保存技術協会編『菜香亭建物・庭園調査報告書』（山口市、二〇〇三年）
歴史の町山口を甦らせる会編『山口市菜香亭開館記念図録』（歴史の町山口を甦らせる会、二〇〇五年）

＊**山口近代建築研究会**：山口県内の近代建築、近代化遺産を探り、現代に活用する方策を検討する目的で結成された研究会。平成14年（2002）７月発足後、定例研究会は80回に達している。その他、近代建築セミナー、近代建築ツアー、新聞連載など精力的に活動している。平成24年（2012）現在、会員数14名。

田中絹代ぶんか館（下関市立近代先人顕彰館）（山口県下関市）

【大正期の電話局舎→博物館等】

「田中絹代ぶんか館」外観。17本の列柱、パラボラアーチが特徴

二度の転用を経て記念館へ

本州最西端に位置する下関市は、対岸に門司を望む海峡の町である。古くから大陸への玄関口として、交通、運輸、金融などの要衝として栄え、時代とともにその関連のさまざまな施設が建設されてきた。それらが特に集中している旧市街地の唐戸《からと》町や南部《なべ》町から少し北に離れた田中町内、田中川という小川のそばにこの「下関市立近代先人顕彰館（愛称、田中絹代ぶんか館）」は建っている。その外観は、一見ギリシャ神殿風の古典的様式建築であり、周辺の町並みとは遊離した存在感たっぷりの建物だ。田中絹代*という大正、昭和を生きた大女優の優しい顔を思い浮かべると、列柱の並

＊**田中絹代**：明治42年（1909）下関市丸山町生まれ。日本映画史を代表する大女優の一人。約250本の映画に出演し、67歳の生涯を閉じた。また女性映画監督としても知られる。昭和52年（1977）没。

ぶ重厚な外観には何となく違和感を覚えるが、それもそのはずである。この建物は元は「旧下関郵便局電話課分室」として建設された電話局舎なのである。

外観の謎解きにはのちほど触れるとして、まずこの建物の歴史を追ってみよう。下関市における電話事業は明治三二年（一八九九）に始まったとされ、電話の需要の急増に伴ってこの局舎が計画されたのは大正後期、今から約九〇年前である。当時郵便、電信、電話事業を管轄していた*逓信省《ていしんしょう》は、このころ新たに導入した共電式電話交換業務用局舎を全国の主要都市に建設しており、この局舎もその一つに当たる。大正一一年ごろ逓信省により設計に着手され、竣工*は大正一三年（一九二四）。その三年後の昭和二年（一九二七）には、早くも木造の北棟が増築されている。昭和一八年には、電信局から電話課が分離独立して「下関電話局」となった。

昭和20年の田中町のあたり。右端に下関電話局舎が写る（提供：下関市、撮影：上垣内茂夫氏）

昭和二〇年（一九四五）には、下関空襲により市街地中心部が大きな被害を受け、田中町一帯もほぼ壊滅状態となったが、この局舎は幸運にも無事に残った。戦後も昭和四一年に新しい局舎が別敷地に建設され、業務が全面的に移

＊**逓信省**：第二次大戦中までの郵便や通信を管轄した中央官庁。
＊**竣工年**：「山口県の近代化遺産」などでは、竣工は大正12年（1923）となっているが、ここでは「関門日日新聞」「逓信省の建築」の大正13年（1924）説をとった。

平成18年（2006）ごろは「下関市役所第一別館」と呼ばれていた。市と山口近代建築研究会で開催した「下関近代建築ツアー」のひとコマ

転するまでは電話局舎として使用され続けた。

その後は下関市の所有となり、昭和四四年（一九六九）からは「福祉センター」、また昭和五三年からは「下関市庁舎第一別館」として教育委員会などが使用している。この間建物の老朽化は著しく進み、平成五年（一九九三）、市が解体方針を決定、三年後には北棟が解体された。しばらく放置されたものの、平成一一年九月、ついにこの建築本体を解体して公用車駐車場とする予算が市議会に提出された。この前後、*「下関市役所第一別館の保存と活用を考える会」などが保存を訴えて活動を開始するのだが、時すでに遅く、議案はいったん可決されてしまう。

だが、ここから一転、保存へと転換を促す世論が盛り上がりを見せ始める。「考える会」などが見学会やシンポジウムを開催し、市民の保存に対する意識を徐々に高めていった。また同年一〇月、市と市教委に抗議して保存を求めた市文化財保護審議会の委員九人が辞意を提出し、そうした委員たちの身を挺《てい》した行動は、マスコミを巻き込んで世間の注目を大いに浴びることになった。

＊**下関市役所第一別館の保存と活用を考える会**：亀山八幡宮宮司の竹中恒彦氏を会長として、唐戸地区を中心に結成された市民団体。

当時の江島市長はこれらの動きを受け、ようやく解体から転じ、まずは一部保存の方針変更を決めた。その後議会で解体予算が凍結され、文教厚生委員会での審議を経て、「全面保存」が正式に決定されたのである。

記念館としての活用へ

保存決定後、下関市はシンポジウムなどを開催して市民の意見を聞く機会を設け、平成一三年（二〇〇一）には「保存・活用委員会」での論議を経て、最終的に「近代、通信（情報発信）、女性、市民」の四つを基本コンセプトに提言書をまとめた。「女性」とあるのは、この電話局に勤める女性電話交換手が多かったことから、女性の社会進出のシンボル的な施設だったことによる。当時、電話交換手は女性の花形の職業であり、局舎三階の休憩室にはオルガンや読書台が置かれ、他の敷地内には裁縫などを習う訓育室もあり、女性の教育や福利厚生に十分な施設が備えられていたという。この施設がこのような歴史を持つことから、同じ近代を生きた職業婦人としての「田中絹代」へと活用イメージがつながっていくのである。

翌年の平成一四年には市の有形文化財に指定され、またその年に構造劣化診断調査、平成一五年には耐震構造調査が実施されている。その後も活用についてはさらに論議が続き、

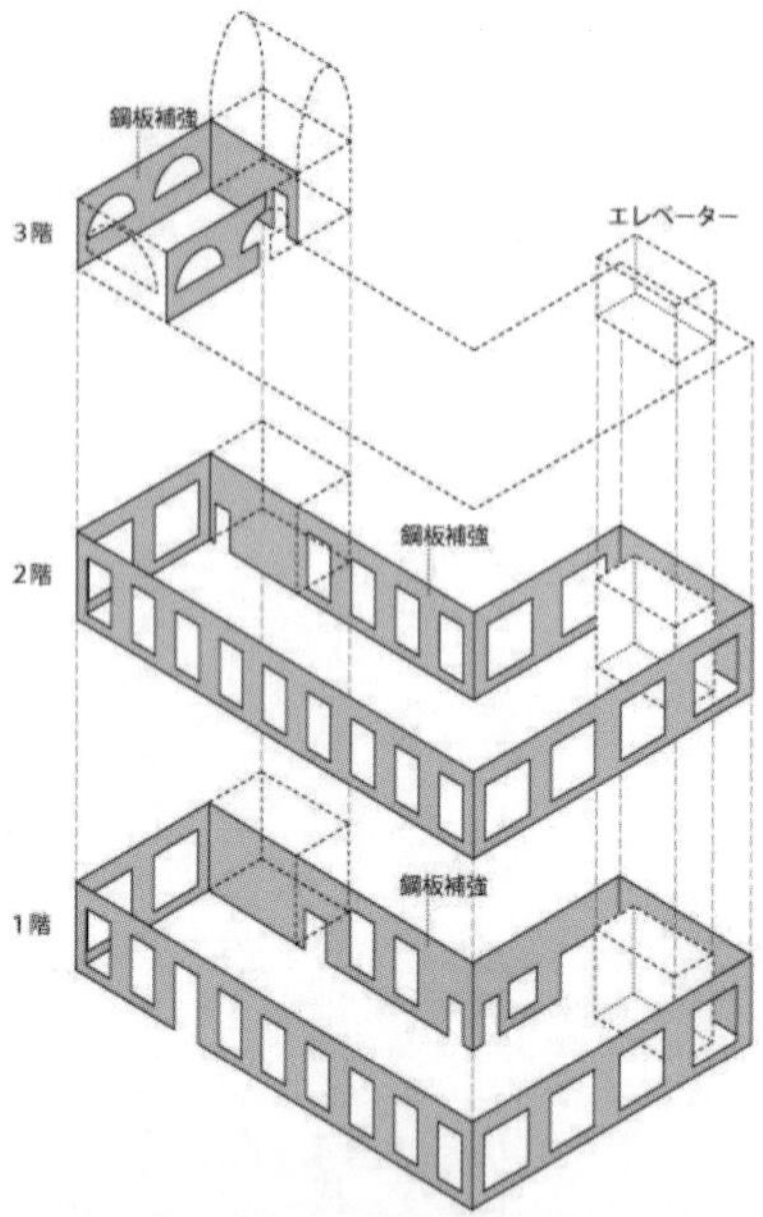

構造補強概念図。各階、壁にぐるりと12ミリメートル鋼板が張り巡らされている
（提供：株式会社文化財保存計画協会）

その再生活用方針が最終的に「下関市役所第一別館保存活用基本計画」としてまとめられたのは、四年後の平成一九年（二〇〇七）三月であった。これにより、「構造補強を行いながら、主に外観を守る」こと、また活用方針は、「田中絹代を中心とした近代の先人顕彰を行い、市民の情報発信と交流の場を創出する」ことが固まった。

こうした方針の下に、平成一九年、下関市近代先人顕彰館（仮称）開館準備室が設立され、建物の改修設計が進められたのだが、構造補強計画については特に工夫がなされている。一般的に耐震補強というと、柱や梁を太くするために打ち増ししたり、鉄骨のブレースで補強したりするが、それでは内部の簡素な空間イメージを損ないかねない。そこで柱や梁、内部の壁を薄く頑強な鋼板で補強することにより、剛性を高める方法が提案された。具体的には一二ミリメートルの鋼板を各階ごと壁全体に張り巡らし、それらを溶接でつなぎ合わせ、各階ごと「鉄の帯状」にすることで地震力に抗する形式としたのである。

翌平成二〇年（二〇〇八）には改修工事が着工された。そして、平成二二年、「田中絹代ぶんか館」の愛称をもって、ようやくこの建物の新たな活用がスタートしたのである。

南東角から見ると、まさに「列柱の建築」だ

外観デザインの謎を探る

さて、次にこの建物の外観を考察してみよう。

まず目に飛び込んでくるのは、*フルーティングを持つ列柱である。正面南側から見て一〇本、側面東側に五本、西側に四本、北側にはない。全部で一七本の柱は、極めて短いスパンで並んでおり、間に縦長の格子窓がはめ込まれる。奇妙なのは柱の上部で、柱頭飾りも梁も軒もなく、上端でスッパリと切られた掘立柱が連続しているのみだ。しかも、荷重を負担する本来の柱は半分で、残りは壁から飛び出した*付柱《つけばしら》となっている。また、正面左手の三本の柱は、薄い庇《ひさし》を突き抜けており、屋上ペントハウスの大きなアーチがその断面に軽く乗っかった

＊**フルーティング**：建築で、柱の表面に垂直に彫られた浅い円弧状の溝。主に西洋古代建築にみられる。
＊**付柱**：壁に張り付けられた装飾用の柱。ファサード（建物正面）などによく使われる。

パラボラアーチは天を突くような大胆なフォルム。
各アーチはタイルで縁取りがなされる

ユニークな構成を見せている。

次に特徴的なのは、西側の田中川に面したペントハウス塔屋の奇妙な形のアーチだ。階段室部分の柱間が狭く、上のアーチが引きずられる形でとがったようにも見えるが、これらは「パラボラ（放物）アーチ」と呼ばれる。しかも、かつてこの内部には防火水槽が設置され、火災時には壁面上部に並んだ長方形の開口部から放水して水幕を張り延焼を防止する仕組みであったという。いわば現代版ドレンチャー*の機能を持っていたことには驚かされる。

さらに細部を見ていくと、一、二階の連続窓は直線で構成されるモダニズムの流れを感じさせるものだし、三階半円アーチの立格子が入った窓のデザイン、その窓の腰下にある同心円状の装飾、アーチを縁取る色タイルなど、この建物には自由な表現に対する意欲が満ちあふれているといえよう。

こうした大正期におけるユニークな様式をまとった建物は、表現主義建築*と呼ばれる。

＊**ドレンチャー**：消火設備の一つ。隣接建物あるいは建物外部からの火災による延焼から建物外壁を防護するために水の幕を張る装置。

＊**表現主義建築**：第一次世界大戦終結のころに、ヨーロッパに起こったデザイン流派の一つで、主観的、有機的なデザインを基調とする。

ではなぜそうした建築がここ下関に建てられたのかというと、設計が当時の日本の建築界をリードしていた逓信省営繕課によるものだからだ。彼らが設計した郵便局や電話局舎などは、明治期の装飾的な古典的様式から始まり、昭和期には機能的、合理的なモダニズムへと展開していくが、過渡期となる大正期には、「分離派建築会」の運動に大きく影響を受ける。それは「建築は芸術でなければならない」との信念の下、建築を過去の様式から分離した新しい様式、具体的には主にドイツやオランダで盛んだった自由な形や抽象的な立体を持つ造形で建築を創造しようとするものであった。当時の逓信省営繕課には、この建築会のリーダーであった山田守*らがおり、彼らの指導により当時の逓信省の各施設に、こうした表現派のデザインを積極的に取り入れようとしていたのである。

東京中央電信局外観。大正14年（1925）竣工、山田守設計（出典：日本建築学会図書館蔵）

この下関局舎は、まさにこの動きの中で生まれた建物なのだ。この時期のこの局舎の兄弟分としては、兵庫電話分局（大正一一年（一九二二））、大阪中央電話局難波分局（大正一一年）、福岡郵便局電話分室（大正一二年）、

＊**山田守**：明治27年（1894）生まれ。東京帝国大学卒業後、分離派建築会を結成。逓信建築の先駆者的存在でモダニズム建築を実践し、個性的、印象的なデザインの作品を残した。代表作に東京中央電信局、日本武道館、京都タワーなど。

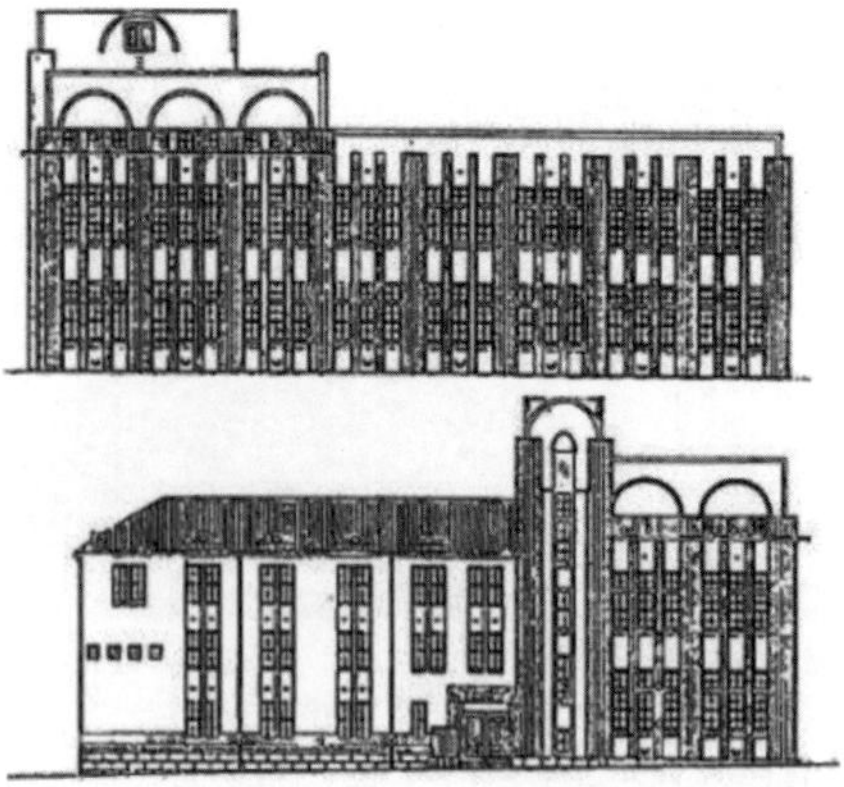
『ある電話局の草案』（出典：『分離派建築會の作品』第２集）

東京中央電信局（大正一四年）などを挙げることができる。いずれも現存しないが、写真で見る限り、柱頭飾りのない列柱やパラボラアーチなど、その独特な外観は共通の雰囲気を持っている。

一方、山田守は、大正一〇年（一九二一）『ある電話局の草案』を発表しており、実はこの立面図、配置図が下関局舎の外観と極めて似ているのだ。このことから、「設計者は山田守」との説もあったが、いまだ確証はつかめていない。むしろこの草案は当時の電話事業の成長に伴って増大する局舎の建設に対応すべく、組織的に標準設計に取り組む際のいわばプロトタイプであり、下関局舎は地域に合わせて形を変えるバリエーションの一つだったのではないかという推理も成り立つ。

いずれにしても、短期間で数多く建設された表現派局舎のうち、残っているのはこの下関局舎だけであり、それだけに歴史的、建築的価値も極めて高いといえよう。

1階エントランスロビー。柱上部にはハンチが見える

ぶんか館としての活用状況

玄関は正面にあるものの、スパン三メートルほどの柱と柱の間にこぢんまりと設けられている。ガラスの風除室を抜けて館内に入ると、右手に事務所と受付ホール、左手に六〇人収容可能のミニホールがある。ここはかつて「執務室」だったところだ。受付ホール中央部には、この建物周辺の市街地の模型が飾ってある。中を見渡すと、柱頂部の三角状のハンチ*が目立つほかは、意匠は特に見当たらず、白を基調とした簡素なイメージでまとめられている。一階は「ふるさと文学館」となっていて、郷土出身の作家の作品や資料の展示が中心だ。その奥にはこの館の名誉館長である古川薫*氏の業績を紹介するコーナーがあり、氏が使用した古いパソコンやワープロなども飾られ、氏の書斎のイメージで展示されている。

さらに奥に進み、東階段室のやや幅の狭い階段を上がった二階が、この館のメインの「田中絹代記念館」だ。女優田中絹代の愛用品や台本など、彼女が出演した映画資料などを中心に飾られている。一番のお宝は、ベルリン国際映画祭銀熊賞（最優秀女優賞）

＊**ハンチ**：コンクリート部材端において、圧縮応力の局部的増加を緩和するために設ける三角形状のもの。

＊**古川薫**：下関出身の作家。大正14年（1925）生まれ。平成２年（1990）『漂泊者のアリア』で第104回直木賞を受賞。

２階田中絹代記念館の展示風景。２つの展示室で構成される。柱左手にあるのは荷物の上げ下ろし用の開口

のトロフィーだろう。また、彼女は女優としてだけでなく、晩年には映画監督も務め、六本の映画を撮っていたことにも驚かされる。決して広くはないが、映画とともに歩んだ田中絹代の生涯をじっくり知ることのできる展示館になっている。

この二階展示室は、「電信電話交換室」だった場所だ。機器を扱う部屋だからか、ここも内部意匠は少なく、目立つものと言えば、柱頭部や窓際の持送り*に曲線と段を用いた、漆喰製の二種類の奇妙な形のデザインぐらいだ。ハンチを兼ねるのかもしれないが、何をイメージしたのか。電波を扱うことで、「波」を意識したアールデコ*の走りなのか、いずれにしても個人の自由な表現の試みのようだ。また、展示室の奥側には、中央部の床に二メートル×一メートル程度の開口が設けられている。集発の際に使用した搬入口で、そのまま残されており、天井には物の上げ下げに使ったとみられるフックも残っている。

壁の角部の装飾

＊**持送り**：壁から突き出した石などの構造物で、その上に張り出した重量を支持する。

＊**アールデコ**：機能主義を基に幾何学的なモチーフを繰り返し用いるデザインが付加された建築様式で、1910 年代から 30 年代にかけて世界的に流行した。日本には大正期に導入された。

３階休憩室はアーチに囲まれた部屋だ

展示室を出て、階段をさらに上りいったん屋上に出る。ペントハウス部分を含め、北側のエレベーターと階段室のブロックは新たに増設されたものだ。ここからは下関市役所ほか周囲の町並みが見渡せて気持ちがよい。屋上の風を感じながら三階の「休憩室」に入ると、ここは五つのアーチに囲まれた小部屋になっており、現在は改修の際に出てきた建築金具や煉瓦の一部が展示されている。この建物は基本的に鉄筋コンクリートだが、壁部分のほとんどは煉瓦造という混構造。煉瓦は一二万枚も使用されているという。この部屋から今度は西階段室を下って一階のホールに戻る。

最後に北側の庭に出てみる。柱群は見られず、ここはガラス屋根の下、建築紹介パネルが並べられた屋外ギャラリーである。ここから見上げるパラボラアーチは、天に向かって突き抜けていくように躍動感にあふれている。

近代建築ネットワークのあるまちづくりへ

この建物が大正一三年（一九二四）に誕生して、すでに九〇年近くがたった。この間、電話局舎として四二年、市庁舎として二四年使用され、保存が決定されてもなお一〇年かかるなど、開館までは数々の紆余曲折があった。しかし、それだけにこの建物に関わった人々の思いは深く、残された価値には尊いものがある。

筆者が知り得る限り、山口県内において、公共建築の解体が決定されたあとに「逆転保存」された事例としては、この建物のほか、昭和五三年（一九七八）ごろの「山口県旧県庁舎及び旧県会議事堂」、昭和六一年ごろの「旧山口県立図書館書庫」（現C・S・赤れんが）、平成一七年（二〇〇五）ごろの「旧宇部銀行」（現ヒストリア宇部）の三例が挙げられる。いずれも保存を求める粘り強い世論の後押しとともに、行政側にも柔軟に対応する力があったことが実を結んだものだ。中でもこの下関電話局は、解体決定後比較的速やかに方針転換がなされた事例であったといえよう。

一方で、残念ながら解体された事例もある。この下関局舎の東に隣接した「下関商工会議所」（大正一一年（一九二二））も貴重な近代建築であったが、局舎北棟が解体された直後に解体され、今は駐車場になっている。その東隣には「旧宮崎商館」（現木暮実千代《こぐれみちよ》顕彰室、明治四〇年（一九〇七））が現存していることから、これら三棟が連続して残っていれば、さらに価値が増し、見応えのある近代建築の一角になったはずである。

また民間施設ではあったが、下関市細江にあったこの電話局と同時代に建設された「旧山陽ホテル」（大正一三年（一九二四）、設計辰野葛西事務所）は、大きな反対運動も起きず、平成二三年（二〇一一）静かに解体されてしまった。

下関市内のこの周辺に現存する近代建築は、実はかなり多くに上る。代表的なものでは、唐戸町や南部町に「旧下関英国領事館」（明治三九年（一九〇六）、国指定重要文化財）、「旧秋田商会ビル」（大正四年（一九一五））、「下関南部町郵便局（旧赤間関郵便電信局）」（明治三三年、国登録有形文化財）、「旧不動貯蓄銀行下関支店（現中国労働金庫下関支店）」（昭和九年（一九三四））がまとまって残っている。また、観音崎町には「山口銀行旧本店（旧三井銀行下関支店、現やまぎん史料館）」（大正九年（一九二〇）、山口県指定有形文化財）もある。

残していくのか、残さないのか。下関は将来そうした選別を確実に迫られるであろう。「田中絹代ぶんか館」は、そうした中でも残していくべき建物の最良のモデルとなったといえる。今後、活用に至るまでに培った技術とノウハウを、今まだ残されている多くの近代建築群に生かしていくことが求められるだろう。そして門司のレトロ地区*に負けない「近代建築ネットワークのあるまちづくり」を、地元、民間、行政が連携し一体となって推進

＊**レトロ地区**：ＪＲ門司港駅周辺地域に残る外国貿易で栄えた時代の建造物を中心に、ホテルや商業施設などを大正レトロ調に整備した観光スポット。国土交通省「都市景観100選」に選定。

してほしいものだ。下関はそのポテンシャルを十分に持った町なのである。（原田正彦）

下関市立近代先人顕彰館（田中絹代ぶんか館）
下関市有形文化財（平成一四年（二〇〇二））〈所在地〉山口県下関市田中町五番七号
〈構造・階数〉鉄筋コンクリート造（煉瓦造混構造）二階建て一部三階塔屋付
〈延床面積〉八三六平方メートル（改修後）
〈建築年〉大正一三年（一九二四）〈設計者〉逓信省営繕課
〈改修年〉平成二二年（二〇一〇）〈改修設計者〉株式会社文化財保存計画協会
〈現在の所有者〉下関市

〔参考文献〕
松葉一清『旧下関電信局電話課庁舎〜躍動みせる列柱』（『やまぐち建築ノート』）（一九七九年）
丹羽和彦、小原誠『大正末期における逓信省営繕課の作品活動と旧下関郵便局電話課事務室に関する見解』（『日本建築学会計画系論文集』第五三一号）（日本建築学会）
下関市編『下関市役所第一別館保存活用基本計画概要版』（文化財保存計画協会、二〇〇七年）
岡建司『下関市立近代先人顕彰館「田中絹代ぶんか館」〜歴史的価値の高い建物の保存修理と活用整備〜』（ＢＥＬＣＡ　ＮＥＷＳ一四一号』二〇一二年一一月）

ヒストリア宇部

（山口県宇部市）

……【昭和戦前の銀行→文化交流施設】

ヒストリア宇部外観

村野作品の宝庫　宇部

宇部市内の中心部、常盤大通り沿いに建つ一見無表情の建物。実は「東の丹下*、西の村野」と並び称される大建築家、村野藤吾《とうご》*の初期作品、「宇部銀行本店」である。現在は「旧宇部銀行館」、または愛称で「ヒストリア宇部」と呼ばれている。

村野藤吾と言えば、昭和戦前から平成にかけて大阪を拠点に創作活動を行い、九三歳でその生涯を終えるまでずっと創作活動を続けていた伝説的な人物。彼の代表作は、日生劇場、迎賓館など多数に上るが、中でも宇部の渡辺*翁《おう》記念会館（昭和一二年（一九三七）建設、平成六年（一九九四）改修）が平成一七年に、また広島の世界平和記念聖堂（昭

＊**丹下健三**（たんげけんぞう　大正２年（1913）～平成17年（2005））：日本人建築家として、最も早く海外でも活躍した一人。戦後から高度経済成長期にかけて、多くの国家プロジェクトを手がけた。広島平和記念資料館、広島平和記念公園、東京オリンピック国立屋内総合競技場（代々木体育館）、東京都庁など。

＊**村野藤吾**：次ページ　＊**渡辺翁記念会館**：次ページ

和二九年竣工）が平成一八年に、それぞれ国の重要文化財に指定されている。

そんな村野は宇部と極めて関わりが深く、実は宇部は村野作品の宝庫である。この銀行は昭和一四年（一九三九）に竣工しているが、その二年前に竣工した村野の出世作である渡辺翁記念会館は、ここから一キロメートルほど先にある。いずれも村野が若く、独立して間もないころの作品だ。港側にある広大な宇部興産の敷地内にある工場や事務所、研究所などの設計にも古くから携わっているし、昭和五四年（一九七九）には記念会館に増築する形で文化会館、そして晩年には中心部に立つ宇部興産ビル（昭和五八年）も手がけている。実現はしなかった「宇部図書館」「宇部商工会議所」などの建設計画も含めると、彼が手がけた宇部でのプロジェクトは一七もあった。現在も村野作品は市内に六作品残されており、まさに昭和戦前からの長きにわたって宇部の都市イメージを創ってきた建築家と言ってよいだろう。

宇部渡辺翁記念会館。昭和12年（1937）建設の村野の出世作。国指定重要文化財

＊**村野藤吾**（むらのとうご　明治24年(1891)～昭和59年(1984)）：佐賀県唐津市生まれ。宇部では宇部興産ケミカル工場事務所（旧宇部窒素工業）、協和発酵（旧宇部油化工業）、宇部興産中央研究所、宇部全日空ホテルなどを設計している。

＊**宇部市渡辺翁記念会館**：宇部市の発展に貢献した渡辺祐策の功績を記念した市民ホール。村野藤吾の宇部における最初の仕事であり、村野自身も「私の出世作」と語っている。昭和12年(1937)竣工、周辺の公園とともに同市に寄贈された。

宇部銀行から山口銀行へ、そして解体か保存か

まず、この銀行の歴史を少しひもといてみよう。宇部銀行は、明治四五年（一九一二）、当時の矢部銀行を買収し、渡辺祐策らの地元事業家が中心となり、藤山《ふじやま》村（現在は宇部市の一地域）で株主を募って設立されている。当時宇部は石炭の町であり、石炭産業を基幹に、関連する多くの工業が急速に発展してきたことから、地元のための近代的金融機関の設立が待たれていたのである。開業当時の本店は近くの松ヶ枝町にあり、現在の場所に移ったのは大正二年（一九一三）。塔屋付きのモダンな木造二階建てであったという。大正一四年には長門銀行と合併するなど、順調に発展していった。

当初は２階建。北側（左手）の壁に沿って旧常盤通りの町並みが広がる

現在の建物の設計は、渡辺翁記念会館で名を上げた村野に託された。村野は、宇部の地で二作目となるこの建物を、記念会館が竣工する昭和一二年（一九三七）ごろに設計するが、竣工は二年後の昭和一四年となった。第二次世界大戦の勃発した年であり、国内外とも政情不安が覆い、資材調達も困難になっていた時代であった。当初からの変更も余儀なくされ、大きいのは外壁が「御影石張り《みかげいしば》」から「モルタル洗い出し」*となったことで、そのため村野が最初に意

＊**モルタル洗い出し**：種石を混ぜたモルタル（砂とセメントと水を混ぜて作る建築材料）がまだ硬化しないうちに表面のモルタル分を洗い出し、砂利を表面に浮き出させた仕上げのこと。

図した格調高さは、やや貧相なものになった。この建物はそうした当時の時代性や経済事情を背負って生まれた建物だった。

終戦前の昭和一九年（一九四四）には、「一県一銀行」の国策の下、当時山口県内にあった宇部、大島、華浦《かほ》、船城《ふなき》、百十の各行が合併して「山口銀行」となり、その後は「山口銀行宇部支店」として活用されることになる。

昭和30年代に３階建てとなった。ヒストリア宇部に改修される前の姿

宇部市中心部は、昭和二〇年の八回の空襲によりかなりの地域が焼き尽くされたが、この銀行は渡辺翁記念会館とともに奇跡的に焼失を免れた。その後この銀行は二回の増改築を経ており、特に昭和三〇年代には、職員用休憩室など一層分が鉄骨で増築されて三階建てとなり、通りに面した外壁全面にベージュ色のタイルが張られた。戦後世代にとっては、実はこの色と形の建物が記憶に残っている。

建物に転機が訪れたのは平成一七年（二〇〇五）からである。山口銀行は老朽化したこの銀行から移転するため、現敷地と隣接地（旧宇部石炭事務所跡地）との土地交換契約を宇部市と締結した。この時点では、この建物の歴史的価値、建築的価値がまだ広く認識されておらず、支店が隣接地に新店舗を建設して全面的に移転したのち、現建物を「解体した」上で土地を引き渡すことになっていたのである。しかしこのことが公になると、村野作品が解体されるとの危機感を持った地元の市民や建築士などのグループがいち早く動き出し、署名とともに保存活用を求める要望書を市に提出した。この要望書を受けて、市は建物の保存活用の研究を行うことになった。そうこうするうち、新店舗は建設が進み、平成一八年（二〇〇六）には新築移転する。赤レンガや市民館級のものなら理解を得やすい保存運動も、当初はなかなか浸透しなかったが、平成一九年三月には、市民三〇〇人を集めての「村野藤吾と宇部」*のシンポジウムも開催され、「渡辺翁記念会館の設計者、村野藤吾の作品を守ること」が次第に多くの市民の共感を呼び、「やはり保存すべき」との声が徐々に高まりを見せていった。

こうした動きを受け、同年一一月、藤田忠夫宇部市長（当時）は、「戦災を逃れ、本市の復興を見守り続けたこの建物は、本市の歴史を後世に語り継ぐという歴史的価値の側面と、建物を改修して活用し続けるという本市の環境都市としての側面において重要な遺産と考え、保存し活用する」として、最終的に保存の方針を決定したのである。

＊「村野藤吾と宇部」のシンポジウム：主催は村野藤吾研究会。パネラーは地元の内田文雄氏（山口大学教授）ほか、香山壽夫氏（東京大学名誉教授）、長谷川堯氏（武蔵野美術大学教授）、藤本昌也氏（現代計画研究所）であった。

西側外壁のＳ型の連続装飾

玄関上部のモザイクタイル

市民と行政の協働作業による活用方針

保存が決定されたのち、建物の改築と活用アイデアの市民募集、活用を考える市民ワークショップ、市民団体へのヒアリングや意見交換会などが次々に実施された。中でも五回開催されたワークショップは、延べ約四〇〇人の市民が参加したという。

こうしたさまざまな市民と行政との協働作業から、次第にこの銀行の活用方針が固まってきた。具体的には、コンサート、発表会などのイベントの開催や会議などで多目的に利用できるほか、市の近代化の歴史や情報などを発信する施設、中心市街地活性化をリードする「まちのシンボル」として、活用方法の基本的方針が決定された。

次にハード面の整備についてである。銀行建築と言えば、明治、大正期のものは堂々とした意匠の西洋建築を思い浮かべるが、昭和期になると機能を重視するモダニズムが主流となり、ほとんど様式や意匠が見られなくなる。この銀行もそうで、玄関扉上部のモザイクタイルや西側入口部にS型などの意匠はあるものの、全体としては極めて簡素で、「沈黙した建築」の印象が強い。よって、外観、意匠や間取りはできるだけ竣工当時の形態を残しながら、耐震やバリアフリーなどに対応した改修計画に力点が置かれた。具体的には、平成二二年（二〇一〇）に耐震壁を追加するなどの耐震改修工事、三階増築部分の撤去工事、駐車場やエレベーターなどの周辺整備工事が行われている。またこの建物が増築され三階建てになっていたことは先に述べたが、耐震性の問題から今回改修の際、二階建てに戻され、規模はより小ぶりになった。だが、これが村野藤吾のオリジナル、建設当時のプロポーションなのである。

通りに面した北と西の外壁にはめ込まれていた二階分の大きな縦長窓は、基本的には当時のまま生かされているが、北面一階部分は常盤大通りに面しており、イベントホールやカフェへの出入りのため、その縦長窓は入口扉と兼用にされた。従って、腰壁が撤去されて大きく明るくなっている。

また、これらオリジナルの建物の東側には、全館バリアフリーとするため、エレベーター棟が増築されている。現在は、イベントホールに直接出入りする場合は別として、旧玄関は使用せず、このエントランスホール側からアプローチするようになっている。

こうした経緯を経て、まさに官民一体で活用の方向を決めた旧宇部銀行は、平成二二年

（二〇一〇）九月二五日に多目的ホールの「旧宇部銀行館」として開館した。愛称の「ヒストリア宇部」は、市民への公募で決まったものである。式典で久保田后子《きみこ》市長は、市の産業発展を支えるとともに、戦災を免れ、まちの復興を見守ってきたこの建物に対して、「人々の心に光を、エネルギーを沸き立たせる建物であってほしい。まちのシンボル、賑わいづくりなどに発展する施設となるよう、一体となって取り組んでいきたい」と述べられ、歴史的価値を生かしたこれからの活用に強い期待と決意を表明された。

イベントホールでのまちづくり講演会の様子
（提供：宇部市）

実現された市民活用の場

さて、建物北側コーナーを面取りした形で造られたオリジナルの玄関でなく、新しく増築されたエントランス棟から中に入ってみよう。新しい玄関、廊下、事務室を抜けると、二層吹き抜けのイベントホールが眼前に広がる。ここは銀行の営業室だったが、現在はカウンターも撤去され、天井高は七・五メートルの広々とした空間が広がる。ほぼど真ん中に一本の柱がすっ

明治生命館天井（昭和９年（1934））

と立つ。上を見上げると、天井には八角形の開口が整然と並ぶ。なぜこんな形なのか。そういえば、古典的様式の銀行建築、例えば「明治生命館」の天井(写真)は、こうした八角形をモチーフにしながら、石膏の装飾を入れたきらびやかな様式が飾られている。村野はこれらをデフォルメして表現したのではないだろうか。それよりも聞いて驚くのは、この材料として繊維強化プラスチック（ＦＲＰ）という新しい素材が使われていることだ。石膏などで柔らかなデザインを施すのではなく、あえて当時の新しい工業製品を採用したところも、村野の先進性であろう。当時の接客空間としての魅力的な空間演出といえようか。多目的に使用する場合、気になるのは音響だが、内装に吸音性の高い材料を張るなどして反響を弱める工夫がされている。筆者が訪れた際も、一〇〇人規模のイベントの準備中であった。関係者は、「講演会などでの発言の際も問題はなく、クラシックコンサートの場合はやや残響があって、響きは美しいですよ」と話していた。

一階はこのほか第一交流室、第二交流室が並ぶ。このうち第二交流室は、かつての金庫室であり、扉も頑丈な昔のままのものが残されている。窓もなく少し息苦しい感じはするが、遮音性は抜群で、密談するにはもってこいかもしれない。

二階部分はイベントホールの吹き抜けが大部分を占め、約一〇〇平方メートルの交流ホールと第三交流室、第四交流室が並ぶ。第四交流室は現在展示室となっていて、宇部の近代化の歴史や村野藤吾の宇部での作品が写真パネルなどで紹介してある。

一般客はここから屋上には上がれない。二階の階段室ホールからは、ペントハウス（ＰＨ）への回り階段の裏側が見えるのみである。屋上には休憩室、展望室のほか、かつて敷地にあった中津瀬神社を安置していたという。

第２交流室はもと金庫室。重々しいデザインの扉が、かつて銀行だったことを物語る

２階階段室ホールから奥の第４交流室を見る。左が交流ホール入口

屋上ペントハウスへの回り階段

外壁に刻み込まれた都市形態の記憶

昭和13年（1938）の地図。現在の常盤大通り（点線の部分）と旧常盤通りは軸線がずれている。宇部銀行は旧常盤通りに面し、新川橋に続く軸線だった

帰り際、すぐそばに架かる新川橋から再び建物全景を振り返ってみる。その時、こんな疑問が浮かんだ。宇部市役所の国道を挟んだ向かいに建っているこの建物の北面、通りに面した外壁が、現在の常盤大通りに対して平行でなく、新川橋側に微妙にずれている。それは新川橋も同じで、新川大橋に対して斜めに架かっているのはなぜか…？

この問いのヒントとなるのは、宇部が戦災を受け、戦後の復興区画整理事業で街路と町並みを大きく変えた歴史を持っていることである。宇部市の旧市街地図に現常盤大通りを重ねて見ると理解しやすい（右図）。戦前からここに建っていた宇部銀行北面の外壁は、「昔の」常盤通りに面していた、そしてその通りはそのまま西の新川橋へと続いていた。

昭和46年（1971）ごろの航空写真。常盤大通りを挟み、左手真ん中が宇部銀行、その手前が石炭局、右手が宇部市役所。新川橋が斜めにかかっているのが分かる（提供：宇部市）

つまり、宇部銀行外壁面と新川橋をつなぐこの通りの軸線は戦前のままで、戦後の新しい常盤大通りの都市軸がこの軸と約一八度ずれて形成された、その名残なのである。この橋詰の全体が、戦前の都市形態を今に伝える遺産ともいえる。その都市形態の記憶が、「北面壁の角度」にも刻み込まれているのである。

村野の戦前作品の二つのうち、渡辺翁記念会館は戦災を免れたことによって、のちに市民による文化活動の拠点となり、宇部市の「緑と花と彫刻のまち」に展開されていった。そして、もう一つ残ったこの旧宇部銀行館、ヒストリア宇部は、銀行という金融施設から、同じく市民活動の拠点へと脱皮した。解体を免れ、彫刻*に囲まれて余生を送っているこの建物は、今とても幸せそうに見える。ここから彫刻運動を超える、宇部の新しい都市文化が創造されていくことを心から期待したいものである。（原田正彦）

この建物の一角には「残像一風」（昭和54年（1979）、土谷武作）が、また隣接する真締川公園には「WIG-A」（昭和54年、清水九兵衛作）、「THE MAN」（平成23年（2011）、コンスタンティン・セリカノフ作）の彫刻が飾られている

＊**彫刻**：宇部市には国内屈指の彫刻ビエンナーレであるUBEビエンナーレ（現代日本彫刻展）の歴史がある。同展は若手彫刻家の登竜門となっており、そこでの受賞作が市内のあちこちに飾られている。

ヒストリア宇部
〈所在地〉山口県宇部市新天町一丁目一番一号
〈構造・階数〉鉄筋コンクリート造二階建て（地下一階）
〈延床面積〉一二八一平方メートル（改修後）〈建築年〉昭和一四年（一九三九）
〈設計者〉村野藤吾
〈改修年〉平成二二年（二〇一〇）
〈改修設計者〉宇部市土木建築部都市政策推進課
〈現在の所有者〉宇部市

〔参考文献〕
村野藤吾研究会編『村野藤吾建築案内』（ＴＯＴＯ出版、二〇〇九年）
内田文雄「近代建築遺産は地方都市再生の核となるか」（『新建築』二〇〇七年五月号）（新建築社、二〇〇七年）
原田正彦『やまぐち近代建築探偵四四　山口銀行宇部支店』（西日本新聞、二〇〇六年六月二六日記事）

クリエイティブ・スペース赤れんが（山口県山口市）

【大正期の図書館書庫→文化交流施設】

クリエイティブ・スペース赤れんがの外観。
左の白い建物は増築された事務棟

桜並木や蛍で有名な山口市を流れる一の坂川。数多くの橋の一つ亀山橋の南西角に、訪れる人の郷愁を誘う赤煉瓦《れんが》の建物がある。元は明治三六年（一九〇三）、初代の県立山口図書館がこの地に開館し、その後の蔵書の増大に伴い、大正七年（一九一八）に建設された煉瓦造三階建ての書庫だった。設計には、初代館長の佐野友三郎や山口県技師の藤本勝往《かつゆき》が携わり、内部にはリフトや貴重書専用書棚など、当時としては先進的な設備が備えられたという。昭和三年（一九二八）、春日山に図書館本館（現山口県春日山庁舎）が移築されたのちは、県教育会館の倉庫などに使用されたものの、次第にその機能は失われ、瓦屋根は一部が破損、壁には蔦《つた》がからまるなど、荒れ放題のまま時が経過していった。

昭和五六年（一九八一）、この建物の市の解体方針に対して、地元建築士や学者らからなる「赤れんがの会」による保存運動が起こる。会誌発行や募金などで活動は次第に広がりを見せる中、時間はかかったが平成期に入って市の「ふるさと創生事業」に位置づけられ、ようやく保存が決定した。

亀山橋からの「アートふる山口」の風景。建物は平成5年（1993）BELCAベスト･リフォーム賞を受賞

平成四年（一九九二）、新たに増築された事務棟と合わせ「クリエイティブ・スペース赤れんが」という名称でオープン。赤煉瓦の書庫は三階床部分が取り払われて二階建てとなり、一、二階の各部屋は美術展示、コンサート、シンポジウムなど文化芸術に関する発表や交流のできる場として新たな活用が図られることとなった。事務棟とはガラスのホールでつながれ、煉瓦建築としての存在感を際立たせる工夫がなされている。また、前面の広場は緑の芝となり、一の坂川や町並みに向けて広く開放された。

周辺の環境に美しく溶け込んだ大正建築。あのとき壊されていたら、山口の温かさ、懐かしさを与えてくれるこの風景はなかった。毎年行われる市民のイベント「アートふる山口」*で主要な舞台となっているこの赤煉瓦の姿を見るにつけ、保存に向けて動いた市民の判断は間違いなかったとつくづく思うのである。（原田正彦）

2階「ホールⅡ」での活用風景。屋根を支える丸鋼の柱は煉瓦壁から独立しており、加重負担をさせないようにしてある

クリエイティブ・スペース赤れんが

国登録有形文化財（平成一〇年（一九九八））
ＢＥＬＣＡ賞（ベストリフォーム・ビルディング部門）受賞（平成五年（一九九三））
〈所在地〉山口県山口市中河原町五番一二号
〈構造・階数〉煉瓦造三階建て（改修前）
煉瓦造二階建て＋鉄筋コンクリート造二階建て（改修後）
〈延床面積〉五六五平方メートル（改修後）
〈建築年〉大正七年（一九一八）
〈設計者〉佐野友三郎（初代県立山口図書館館長）、藤本勝往（山口県技師）
〈改修年〉平成四年（一九九二）
〈改修設計者〉今井徹也建築設計事務所
〈現在の所有者〉山口市

※　地図は山口市菜香亭参照

〔参考文献〕
松葉一清『アトリエ・ロフト～ギャラリーに変身』（『やまぐち建築ノート』一九七九年）
『しあわせな建築～クリエイティブ・スペース赤れんが』（『ＢＥＬＣＡ　ＮＥＷＳ』一九九五年一月号）（建築・設備維持保全推進協会、一九九五年）

＊**アートふる山口**：一の坂川周辺で手作りの展示会場を設け、地域の人々と触れ合いながら、気軽に山口の町並みを楽しんでもらおうという目的で企画された市内最大級の住民参加型のイベント。平成８年（1996）から開催。

下関南部《なべ》町郵便局 （山口県下関市）……【明治期の郵便局舎→郵便局舎、店舗等】

下関南部町郵便局外観

海響館や唐戸市場などの現代建築が建ち並び、多くの観光客で賑わう*あるかぽーとの北側に建つ下関南部町郵便局は、旧下関英国領事館や旧秋田商会ビルとともに、まちに深い歴史の彩りを添えている。当時*逓信省《ていしんしょう》技師であった三橋四郎の設計により、明治三三年（一九〇〇）にこの地に誕生した。木造屋根煉瓦造二階建ての局舎は、戦禍を辛くも逃れるが、戦災応急復旧後の姿は、白漆喰塗りの*覆輪《ふくりん》型横目地切りの外壁も、目地が塗りつぶされて白色モルタル吹きつけ仕上げとなり、*ドーマー型飾り窓に*バラストレードを配した棟飾りも失い寒々しい姿となった。竣工当時の姿を取り戻したのは、平成一〇年から

＊**あるかぽーと**：下関市南部町南側の埋立地の愛称で、しものせき水族館海響館などが立地している。
＊**逓信省**：第二次大戦中までの郵便や通信を管轄した中央官庁。
＊**覆輪型横目地**：横方向に入れたかまぼこ型の化粧目地。
＊**ドーマー型飾り窓**：西洋建築において屋根裏に採光するために屋根に設けられた窓。切妻の小屋根と垂直の開口部を持つ。「屋根窓」ともいう。
＊**バラストレード**：手すり装飾。

レストラン。２階と小屋裏が見える吹き抜けと露出した煉瓦の壁を上手にインテリアに活用している

一一年（一九九八〜九九）にかけて行われた大改修工事の時である。工事に先駆けて詳細な調査が行われたが、同時期に建築された類似の庁舎や三橋四郎が手掛けた建物まで調査を広げ、不明な箇所についてはそれらから類推して作業を行うなど、復元*に至るまでの道のりには相当の苦労があったようだが、およそ一世紀隔てた三橋四郎の後輩らによって建物は見事によみがえったのである。耐震補強も施され、二階は構造補強のために使用できなくなったが、一階北棟と東棟は郵便局、南棟はテナントスペースとして活用されており、郵便局の一角には、復元工事のようすを伝えるギャラリーもある。テナントスペースは現在レストランとして使用されているが、「タラヨウの庭」と名づけられた中庭と併せて活用され、コンサートや結婚式も行われている。あえて仕上げを塗らず昔のままの外壁に囲まれた中庭は、欧州の雰囲気が漂うノスタルジックな空間を生み出している。

　復元工事ののちに開催された工事報告会、見学会には、多くの市民が参加し、会場は熱

＊**復元**：失われていた建物を当時のように再現したり、一部推測に基づいて再現すること。

郵便局のシンボルツリー「タラヨウ」が飾られている中庭の外壁は、建物の歴史を伝える

気に包まれたようだ。地域との強い結びつきに設計関係者は感激したという。「歴史の重みを持つこの建物を次世代にバトンタッチができた」という熱い気持ちは、現在の郵便局長にも引き継がれ、この建物は後世に引き継ぐために大切に維持管理されている。（水井啓介）

下関南部町郵便局

国登録有形文化財（平成一三年（二〇〇一））
〈所在地〉山口県下関市南部町二二番八号
〈構造・階数〉煉瓦造二階建て
〈延床面積〉八二八平方メートル（改修後）
〈建築年〉明治三三年（一九〇〇）
〈設計者〉三橋四郎
〈最終改修年〉平成一〇年～一一年（一九九八～九九）
〈現在の所有者〉日本郵便株式会社

※　地図は田中絹代ぶんか館参照

〔参考文献〕

構造計画研究所編『下関南部町郵便局庁舎耐震補強その他模様替工事報告書（調査編）』（中国郵政局施設部、一九九九年）
構造計画研究所編『下関南部町郵便局庁舎耐震補強調査報告書』（中国郵政局施設部、一九九七年）
山口県教育庁文化財保護課編『山口県の近代化遺産　山口県近代化遺産（建造物等）総合調査報告書』（山口県文化財愛護協会）

柳井市町並み資料館

（山口県柳井市）

【明治期の銀行→資料館】

希少な明治期の地方銀行

「白壁の町やない」として知られる柳井市の古市、金屋地区は重要伝統的建造物群保存地区[*]に指定され、江戸時代の商家が軒を連ねる白壁の町並みを見ることができる。この東側に、明治期に建てられた美しい洋館が姿を見せる。日本銀行技師の長野宇平治の原設計、佐藤節雄の実施設計により建てられた柳井市町並み資料館（旧周防銀行本店）である。

建物は、周防銀行本店から山口銀行柳井支店として使用され、その後、市の図書館として使用されたが、のちにしばらく空き家となっていた。

＊ **重要伝統的建造物群保存地区**：文化財保護法に規定する文化財種別の一つで、市町村が条例などにより決定した伝統的建造物群保存地区のうち、特に価値が高いものとして国が選定した。文化財としての建造物を単体ではなく群で保存しようとするもの。

2階は松島詩子記念館

1階では白壁の町並みを紹介

市内では明治、大正期の歴史的な建築物が次々と解体される中、この建物だけは残したいという市民の想いが市に託された。

市は建物前面の道路が拡幅される平成一二年（二〇〇〇）に山口銀行から建物の寄贈を受け、後方へ曳《＊ひ》き家《や》工事で移動し、保存修理を行い、その後は町並み資料館として使用している。建物は国の登録文化財となった。

木造二階建てだが、モルタル仕上げで石造に見せかけている。外観正面の右端にあった玄関が中央に移され、正面の装飾は一部変更されているが、この建物の特徴である半円状にせり出した二階のバルコニー周りなど当時の姿を残す。

内部に入ると銀行らしい高い天井の空間が広がり、一階は町家模型などで白壁の町並みを紹介している。また、市の名誉市民の紹介もしており、二階は柳井市第一号の名誉市民である歌手松島詩子《うたこ》の記念館となっている。

一階受付では、市からの委託によりこの建物を運営している「柳井市白壁の町並みを守る会」副会長の山近さんが笑顔で出

＊**曳き家**：道路拡幅などに伴い、建物などを解体せずにジャッキアップさせて別の場所に移動すること。

迎える。この建物が銀行として使用されていた時には行員として、現在は資料館の受付として、この建物の顔となり、来場者に豊富な話題を提供してくれる。

天井の高い豊かな空間は音響がよく、年に数回はコンサートが開催され、イベント時には拠点の施設として多くの観光客などで賑わいを見せる。一日平均約八〇人の来場者がある。

江戸期の町並みを明治期の古典様式の西洋館の中で学ぶ。これが柳井市の町並みの楽しみ方である。（十河義典）

白壁の町並みと金魚ちょうちん

柳井市町並み資料館

国指定有形登録文化財（平成一二年（二〇〇〇））

〈所在地〉山口県柳井市柳井津四四二番地
〈構造・階数〉木造二階建て
〈延床面積〉三四七平方メートル
〈建築年〉明治四〇年（一九〇七）
〈設計者〉佐藤節雄
〈改修年〉平成一二年（二〇〇〇）
〈改修設計者〉有限会社米本建築設計事務所
〈現在の所有者〉柳井市

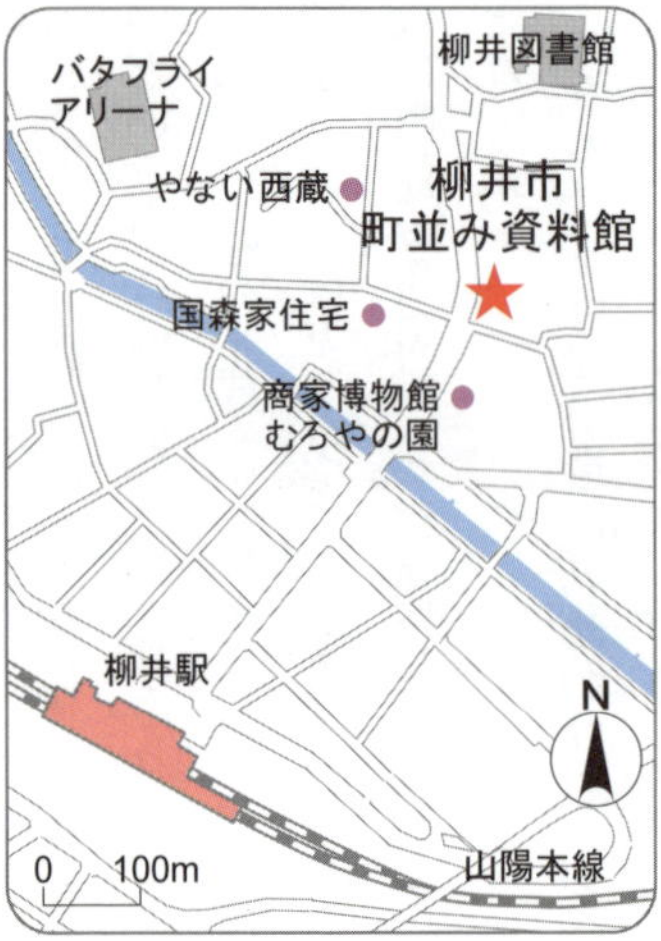

本格的な古典主義様式デザインの外観

山口銀行旧本店（やまぎん史料館）

（山口県下関市）……………【大正期の銀行→資料館】

下関市唐戸地区、岬之町から南部町《なべ》にかけては、明治後半から昭和初期に金融機関が集積立地し、西日本有数の金融街として賑わいを見せていた。この一角に山口銀行旧本店（以下「旧本店」）は当時の姿のままに建つ。旧本店は三井銀行下関支店として建築され、百十銀行の本店を経て、昭和一九年（一九四四）から山口銀行本店となった。その後、山口銀行の支店、別館などとして、銀行員はもとより、地域の方々から大切に使用されてきた。

地域にとって大切な建物を将来に引き継ぐべく、建物の復原*工事や耐震補強を行い、平成一七年（二〇〇五）には山口県指定有形文化財に指定されている。

平成二〇年に山口銀行の創業一三〇周年を記念し

＊**復原**：改修等で形が変わっていたものを当初の姿に戻すこと、あるいは旧部材や文献などに基づいて再現すること。

客だまりから営業室内部を見る

「これまで地元の皆さまに支えられともに歩んでこられたことの感謝の気持ちを『交流』『憩い』『学び』の場を提供することに表現したい」との思いから建設された「やまぎん史料館」の一部として旧本店は再スタートを切った。

やまぎん史料館は、この旧本店と、銀行史資料や萩焼、赤間硯《すずり》、大内塗などの山口県伝統工芸品の展示室、休憩所などがある新設された四階建ての展示棟、三階建ての収蔵庫の三棟で構成され、旧本店は建物そのものを資料として、外観、内部と建設当時そのままの姿を見せる。構造は煉瓦造と鉄筋コンクリート造の混構造で、正面外観には*徳山産花崗岩を張りつけ石造建築に見せている。内部に入ると、一階は高い吹き抜けの営業室。内壁と天井は漆喰塗りで、*格天井や柱頭《ちゅうとう》などに石膏彫刻が施されている。客だまりではこの建物の歴史や特徴などを紹介し、復原された営業台や床仕上げにより当時の銀行風景を想像させて来客を楽しませる。

営業室内では市内近辺の近代建築の紹介をしており、ここでは演奏会が実施されたこと

＊**徳山産花崗岩**：硬質かつ光沢のある花崗岩で、大阪城築城時の石垣材としても使われた。
＊**格天井**：格子状の天井。

もある。銀行関係者からは明治時代に使用された前身銀行の金庫が寄贈されるなど、山口県の銀行史料館としても広く知られてきているやまぎん史料館は、オープンからの入館者は約三万五〇〇〇人を数え（平成二四年一二月時点）、市民はもとより県民、観光客に憩いの場を提供している。

展示棟の芝生のある屋上広場から、旧本店屋上の二つの大きなクラーテール*越しに関門海峡を眺めていると、歴史の街「下関」のことをもっと知りたくなる。

（十河義典）

営業室内は展示コーナーとして利用

山口銀行旧本店（やまぎん史料館）
山口県指定有形文化財（平成一七年（二〇〇五））
〈所在地〉山口県下関市観音崎町一〇番六号
〈構造・階数〉煉瓦造、鉄筋コンクリート造二階建て
〈延床面積〉約九九五平方メートル
〈建築年〉大正九年（一九二〇）
〈設計者〉長野宇平治
〈改修年〉平成一六年（二〇〇四）
〈改修設計者〉清水建設株式会社
〈現在の所有者〉株式会社山口銀行

※　地図は田中絹代ぶんか館参照

＊クラーテール：渦巻形取っ手の形をした古代ギリシャ時代の器形装飾。

旧日下《くさか》医院（山口県周南市）

【昭和戦前の医院→商業施設】

アールデコ様式を基としてペディメントなどの古典様式が組み合わされたファサード（建物正面）

地域住民に愛された建築遺産を再生

周南市の新南陽土井に、雑貨店、カフェ、花屋が入居する旧日下医院がある。建築遺産を民間活力だけで商業的に再生させているという点で、山口県下では稀有な存在である。玄関ポーチの両側にある二本の石柱と、屋根の正面上部の旧文字で「日下醫院《いいん》」と記されたペディメント*が、歴史的な遺産であることを教えてくれる。ファサードには縦長の窓が規則的に配置され、上下の窓の間の壁（スパンドレル）には矩《く》形を組み合わせたシンプルなデザインのレリーフが施されている。同じ形状の縦溝彫りが付いたレリーフが壁面の角上部にある。長方形のモールディング*付きのコーニス（軒）、その下部と二階

＊ペディメント：建物の正面を強調するために、窓や出入口などの上部に取り付けられる意匠的な装飾。ギリシャ建築に由来する。　＊モールディング：表面のつなぎ目を覆ったり装飾を施す目的で使われるような断面の部材。

内装が白でまとめられた明るい空間のカフェ

内部は中廊下式で、左手がカフェ（かつては薬局）、右手が花屋（同待合室）

窓上部のアーチ内にはデンティル*という装飾が配置されている。わざと粗く仕上げられたスペイン壁*には窓枠に沿って人造石洗い出しの縦ラインがあり、これが壁面を分節して引き締めている。玄関ガラス扉上部にも幾何学的なデザインがある。ファサードに施されたこのようなデザインは、当時世界的に流行していたアールデコ*様式の特徴である。昭和初期のモダンで斬新な様式をベースとして、ポーチの石柱とペディメントが医院建築としての威厳を高めている。

旧日下医院は、昭和三年（一九二八）の建築であり、昭和四九年までは病院として運営されていた。近年では老朽化のため解体を懸念する地域住民たちにより、交流施設として再生利用する運動も行われた。結果的にその成果は実らなかったものの、その後平成一九年（二〇〇七）に、四人の若手経営者たちにより複合商業施設として再生され、今日の姿となった。

＊**デンティル（歯形装飾）**：コーニス（軒）の下などに付けられる直方体の突出部が連続する装飾。　＊**スペイン壁**：手のひらやコテでわざと粗く凹凸を付けて仕上げた塗り壁。　＊**アールデコ**：機能主義を基に幾何学的なモチーフを繰り返し用いるデザインが付加された建築様式で、1910年代から30年代にかけて世界的に流行した。日本には大正期に導入された。

かつての診察、処置室も雑貨店に生まれ変わり、思い入れの商品が陳列されている

かつての待合室の一部は花屋の陳列スペースとして活用されている

再生された商業空間の魅力

一階のフロアは中廊下式で左右に部屋が配置されている。左手の玄関入口に対して斜めに配置された部屋はかつての薬局で、現在はカフェとなっている。ガラス戸で仕切られた隣の旧診察室も続き間のカフェとなっており、こちらは落ち着いた照明の和モダンな空間だ。

玄関の右手は、旧待合室であり、花屋として活用されている。玄関から入ったところにある石張りの通路には、二重のアーチ壁が残されており、天井の高さを生かした商品陳列スペースとなっている。

中廊下を奥に進むと、かつての手術室、診察および処置室、レントゲン室がある。ここは二軒の雑貨店として使われている。文具、本、バッグ、蝋燭《ろうそく》、食器などはいずれもえりすぐりの品で、それらが並ぶ陳列棚は、かつての手術道具棚や薬棚が使われている。建物と商品と、それが並ぶ調度品とがすべて調和した空間となっている。

民間主導によるリノベーション

市民運動で成果が出なかった建築遺産の保存活用が、四人の民間人たちの発案で実現した要因は何だろうと考えてみた。建物の所有者はかつての病院経営者の家族であり、個人の力で保存をするのは重荷であったろう。テナントとして貸し出すにも、建物が老朽化していることから、予期せぬ補修が必要となったとき借り手との交渉がやっかいである。旧日下医院では、四人の若手経営者たちが申し出てリノベーション建築としての存続の方向が定まったのだが、その中の一人が店舗設計なども手掛けていた。このため建物を借りるだけでなく、老朽化している建物のメンテナンスも請け負うことになっており、保存改修に伴う所有者との負担調整交渉がスムーズにできた。このことが民間による歴史的な建物のリノベーションという、一見困難とも思われるこのプロジェクトを成立させた実際上の要因ともなっている。

かつての手術室が生まれ変わった雑貨店には、手術道具棚が商品陳列棚として生かされている

改修は木のフロアと壁の白い漆喰塗装、照明設備などの最小限にとどめ、ドアなどの建

具や調度品もできるだけ残されている。建物の躯体にはほとんど手を掛けず、最小限の内装で再生できているというのは、よほどしっかりした造りであることの証左でもある。

かつては病室だった二階は、ギャラリーとして使用されている。一般の貸しギャラリーと異なるのは、商業的な展示とは一線を画していることだ。現在の四店はいずれもこだわりのあるライフスタイルショップであり、作家の創作物が店のカラーと波長が合う場合に、ギャラリーとして貸し出す仕組みとなっている。店のオーナーたちが目を付けた作家に展示を呼び掛けることもあり、あたかも旧日下医院が地域の文化を育む装置であるかのようだ。（佐藤俊雄）

旧日下医院
国登録有形文化財（平成二一年（二〇〇九））
〈所在地〉山口県周南市土井二丁目四番九号
〈構造・階数〉木造二階建て
〈建築年〉昭和三年（一九二八）
〈改修年〉平成一九年（二〇〇七）
〈改修設計者〉ＳＯＦＡ（有限会社しらい）
〈現在の所有者〉個人所有

〔参考文献〕
山崎一夫『やまぐち近代建築探偵一七　旧日下医院』（西日本新聞、二〇〇五年一一月二一日記事）

木暮実千代顕彰室《こぐれみちよ》（山口県下関市）

【明治期の商社→記念館】

木暮実千代顕彰室（２階）の正面外観

観光客で賑わうあるかぽーと*から北に延びる大通りを歩くと、赤間町の交差点の西側にひときわ目を引く煉瓦造の建物がある。石炭輸出業を営む商社の建物（宮崎商館）として明治四〇年（一九〇七）に建築された木暮実千代顕彰室である。この辺りは、かつて外国系の商社などの洋館であふれていたといわれるが、戦禍をくぐり抜け、この通りで往時の雰囲気を伝える建物は、田中絹代ぶんか館とこの建物だけになっている。所有者が変わりながらも現在まで使われ続けてきたが、その間、屋根は瓦葺きから鋼板《こうはん》葺きに変わり、無垢《むく》の煉瓦が特徴の外壁も一時塗装によって隠されていた時期もあったという。煉瓦の色が白みがかっているのは、その後の所有者が塗装をはがした際に残った煉瓦表面の微細な傷跡か

＊あるかぽーと：下関市南部町南側の埋立地の愛称で、しものせき水族館海響館などが立地している。

五連のアーチ部のベランダの様子

木暮実千代顕彰室入口の重厚な木製建具

建物裏手の角部。細部までデザインを凝らしている

もしれない。しかし、その白みがかった薄桃色の煉瓦壁が、窓際に変化をつける帯状の石飾りやアーチに配された白い石、緑青《ろくしょう》の屋根とほどよく調和し、外観に心地よさと優しさをもたらしている。また、半円系の連続するアーチや、それを支える角柱頭部や軒の持ち送り、キーストーン＊にまで凝らした細部のデザインが品格をもたらし、貴婦人の印象を与える。鉄骨による構造補強工事も施され、内部はすっかり変わっているが、二階の重厚な木製建具や腰壁、天井の回り縁の装飾や窓飾り、ベランダの鋼製手すりや階段室の木製手すりは、竣工当時のままではないかと錯覚するほど外観に合った細工が施されている。現在、一階は医院で非公開だが、二階は下関市出身の女優「木暮実千代」の顕彰室として利用されており、こちらは事務局に連絡をすれば誰でも見学することができる。所有者や用途を変えても、時代

＊**キーストーン**：アーチ頂上部の石のこと。

階段

木暮実千代顕彰室の内観

を越えてこのまちのシンボルであり続けているのは、気品漂う存在感に地域の人々の心が魅かれるからに違いない。(水井啓介)

木暮実千代顕彰室　※一階の医院は非公開
〈所在地〉山口県下関市田中町四番一〇号
〈構造・階数〉煉瓦造二階建て
〈延床面積〉三四八平方メートル（改修後）
〈建築年〉明治四〇年（一九〇七）
〈最終改修年〉平成二〇年（二〇〇八）
〈最終改修設計者〉株式会社一粒社ヴォーリズ建築事務所
〈現在の所有者〉個人所有

※　地図は田中絹代ぶんか館参照

〔参考文献〕

水井啓介『やまぐち近代建築探偵五六　ロダン美容室』（西日本新聞二〇〇六年一〇月九日記事）
山口近代建築研究会編『やまぐち近代建築探偵』（山口近代建築研究会）
山口県教育庁文化財保護課編『山口県の近代化遺産　山口県近代化遺産（建造物等）総合調査報告書』（山口県文化財愛護協会）
山口近代建築研究会編『下関市内近代・現代建築ＭＡＰ』

カラコロ工房

（島根県松江市）

【昭和戦前の銀行→観光、商業施設】

カラコロ工房

島根の金融史と日銀松江支店

カラコロ工房は旧日本銀行松江支店だった建物を島根県が買い取り、県の施設の一部として使っていた。老朽化や設備の不具合などを理由に取り壊しの計画が持ち上がったのを市民運動により阻止し、その後、松江市の所有となり、現在の施設としてリニューアルされたものである。

日本銀行松江支店は大正七年（一九一八）、中国地域では広島に次ぐ支店として開設された。この初代松江支店は木造で、カラコロ工房の位置に建っていた。近世におけるこの場所は勢溜《せいだま》り*と呼ばれる広場であった。家老屋敷や藩の施設がこの広場の周りを取り囲んでいた。前面道路を隔てて堀の水路があり、

＊勢溜り：参勤交代の出発に当たり行列の隊形を整えたところ。

初代の日本銀行松江支店

船も行き来していた。旧日銀から見て川の向かい側は商人地となっていて、その先には宍道湖が広がっている。

明治から大正にかけて、この地域は山陰の金融の中心地であったといえるだろう。国立銀行法に基づいた第三国立銀行は明治一七年（一八八四）に松江支店を開設し、大正一一年（一九二二）には八束貯蓄銀行本店が開設され、ほかにも島根県農工銀行本店、雲陽実業銀行本店、島根貯蓄銀行本店などが競い合うように建てられ、さながら山陰のウォール街ともいえるほどの様相を呈していた。

日銀のデザインと長野宇平治

初代日銀建物は、バロック様式を模した洋風建築であったが、地盤沈下による*不陸《ふりく》が生じたため建て替えざるを得なくなった。昭和一二年（一九三七）に建て替え工事が始まり、昭和一三年に完成し開業した。この建物の設計者が長野宇平治であった。長野は慶応三年（一八六七）生まれで、のちに東京大学工学部となる工部大学校造家科に入学し、*辰野金吾らに学んだ。日本の近代建築を語るとき、長野宇平治は正統的な古典主義者として位置

＊**不陸**：水平でなくなること。
＊**辰野金吾**：明治の代表的建築家。英国留学後、工部大学校（現東京大学工学部）教授となり、長年にわたり日本の近代建築をリードし、長野宇平治ら多くの建築家を育てる。改修された東京駅は代表作の一つ。

づけられている。かたくなに西欧古典主義を守り、特に大正期に数々の古典様式*を持った銀行建築を手掛けている。彼は明治三〇年（一八九七）、辰野金吾に呼ばれ日本銀行技師となっている。それ以降は辰野とともに、主に日本銀行の支店建築の設計に携わっている。大正元年（一九一二）にはいったん日本銀行技師長の職を解かれ、日本橋に私設事務所を開設し私立銀行の設計を多く手掛けていたが、昭和二（一九二七）年には日本銀行本店増築のため再び技師長に就任している。その後、昭和一二年に亡くなるまでその地位にあったが、死去した翌年の昭和一三年に日本銀行松江支店が完成している。いうなれば長野宇平治の遺作であり、その古典主義者としてのデザイン傾向を、鉄筋コンクリートやプレキャストコンクリート*などの新たな技術を用いながら、最後まで模索し続けた証しともいえるだろう。

建設中の２代目日本銀行松江支店ビル

二代目日本銀行松江支店ビルの特徴

昭和一三年に竣工した二代目の日銀ビルであるが、建設中の逸話が一つだけ聞けた。コンクリートを打つ際に必要な砂の調達に腐心したそうで、各地の河川の砂を調

＊**古典様式**：古代ギリシャ、古代ローマの建築を模範とし、主にオーダー（円柱と梁の装飾方法）を用いる建築様式。
＊**プレキャストコンクリート**：現場で組み立てるため、工場であらかじめ製造されたコンクリート製品、あるいはこれを用いた工法。

２代目松江支店ビルのファサード

達し吟味した。その結果、四国の吉野川の砂がよいとされ、そこから調達するほどコンクリートの質にこだわったということであった。建物は技術的にもデザイン的にもさまざまな試みがなされていた。一つは正面のオーダーであるが、フルーティングと呼ばれる柱のひだはギリシャ古典様式になくてはならないモチーフである。それを作るのにプレキャストコンクリートであらかじめ外皮を作り、コンクリートが打ち上がったのちに張りつけて仕上げとしている。たぶん山陰でこの技術が用いられたのは初めてではないだろうか。外壁については石を用いずに、左官のこてによって石風の塗り仕上げが試みられている。この工法が用いられた理由がコスト削減のためなのか、適当な石がなかったためなのか、あるいは軽量化を図ったためなのかは分からない。

建設当初の内部は、これぞ銀行建築と言えるものであった。古典様式の外観は市民にいかめしさを印象づけ、おいそれとは入れないような玄関の威風が漂っていた。五、六段ほど上がった玄関は初代の建物が被った水害を意識して、意図的に高くされたものであろう。

執務室トップライト（改修前）

地下金庫室扉

建物は地上三階、地下一階建てとなって、階段のほかに島根初のエレベーターが設置されていた。一階執務室は、客と行員を隔てる鉄製の格子が立てられていた。その格子は古い欧米の映画に出てくる銀行そのものであり、現在では全くお目にかかれないものである。内部の柱には石が張られている。天井には特注のシャンデリアがつり下がり、二階の廊下が執務室を見下ろしている。二階には支店長室や応接室、そして職員のためのビリヤード室、食堂などがあった。支店長室は豪華な内装で装飾され、石のマントルピース*が置かれている。専用の洗面所やトイレも用意されている。三階は会議などに使われていたものと思われる。執務室の天井はガラスブロックの天窓となっていて、日光が柔らかく落ちてくるようになっていた。地下室には大金庫室がある。重厚な扉はアメリカの製造会社の名前が記されていて、頑丈そのものである。金庫室は三つに分かれている。ほかにボイラー室

＊マントルピース：暖炉の焚き口を囲む装飾枠。木、煉瓦、タイル、石、大理石などで作られ、室内の重要な装飾要素となる。

などがある地下は、その後の工事で厚さ三センチメートルの鉄板で二重に覆われていることが判明した。四周が覆われているので、例えコンクリートを壊して侵入しても、その分厚い鉄板ではねつけられることは必至であった。しかし、その後の洪水では地下室も水の浸入を許してしまい、とうとうこの建物も銀行としては放棄せざるを得なくなった。

カラコロ工房への道のり

日本銀行が松江支店をほかの地に移転させたのは、昭和五六年（一九八一）であった。この時、旧日銀建物の所有者は島根県に移り、それ以降、島根県が分庁舎として使用している。その際に改造も加えられ、当初の姿が幾分変わってしまった部分もあるが、おおむねは当時の雰囲気を残していた。その後、建物の老朽化も加わり、昭和六三年になると旧日銀建物周辺の活性化が市民の間で議論になることも多く、堀を埋め立てて道路や公園とし、さらに周辺の建物を再開発していこうという話も出始めた。そして島根県からも県庁周辺整備基本構想が発表され、旧日銀建物を取り壊し、新たな分庁舎として建て直す計画がなされた。それまで行政施策に対して市民が意見を表明する市民運動などは、松江では無縁であったようだ。しかしこの時は違った。基本構想が県から発表されたのは二月のことであったが、一二月には市民有志によって「旧日本銀行松江支店ビルを語る会」が結成

カラコロ工房１階

され、その会を中心に同建物の保存運動が始まった。まず、建物の存続の意義を論ずる討論会を開き、見学会、建設当初の古い写真を集めたパネル展などをやりながら、運動を進めていった。パネル展には周辺の店舗のショーウインドーを借り、街の至る所に旧日銀関係の資料を展示し、同時に人を集めるイベントを実施していった。旧日銀建物への思い出を集めることは、松江のまちの記憶を集めることであり、ランドマーク（地域の目印）として、あるいは地域の象徴としての旧日銀建物の存在感を浮かび上がらせることでもあった。新たな活用案も広く市民から募集していった。それを所有者である県に提出し、新聞などのメディアを通じても広く市民にアピールしていった。これまで城下町という歴史を持ちながら、まちの歴史についで無関心であるかのように装っていた松江市民は、この時から少し変わっていったように思われる。歴史を象徴する建物を残すことが、松江の歴史を今に残すことであり、誇りとなってまちの価値を高めることであることが市民の心の中に浸透していったのではないか。

いろいろないきさつもあったであろうが、県の基本構想は一時頓挫した。しかしそれが幸いであった。平成六年（一九九四）、旧日銀建物は島根県から松江市に譲渡されることになった。県庁整備基本構想も、堀の埋め立ても、建物前面道路の拡幅計画も白紙に戻った。時の市長は幸いにも神戸市での行政の経験を持ち、歴史のある建築がむしろまちのポテンシャルを高めるということを理解していた。再利用のアイデアが市民から募集され、平成一一年にはそれらをまとめ、改修工事が着工された。そして翌平成一二年に工事も完了し、新たに「カラコロ工房」として再出発することになった。

カラコロ工房の概要

カラコロ工房には、観光客を呼び込める施設という位置づけがなされた。もちろん市民の利用としても、十分に意義を持つように考えられている。このころ松江市の観光施策は大きく変わっている。ループ（周回）型のバスを走らせ、堀を利用した遊覧船を走らせた。松江の歴史的なポテンシャルを十分に生かしながら、新たな観光施設、新たな移動手段などを作っていった。カラコロ工房の近くにも堀川遊覧の乗船場を設け、観光客の魅力の施設としていくようにも試みられている。カラコロ工房の中には、松江の特産品を扱う店舗やレストラン、そして茶席が設けられた。二階の小さな部屋も、アンテナショップやはやりの小物ショップなどが置かれ、三階は市民のためのギャラリーや集会、展示場などにも

広場（改修後）

シャンデリア（改修後）

使われるよう改造されている。地下の金庫室も扉などはそのままにし、当時の雰囲気を残しつつイベントや展示のできる市民のためのスペースが設けられた。

改修工事に当たって、当時の形はできるだけそのまま残すようにしている。外壁、内壁などもそのままの姿で補修し、シャンデリアも補修して使っている。外灯や一部の内装などは更新せざるを得なかったようだが、雰囲気は残している。客と行員の間にあった鉄柵も一部はそのまま使用している。二階は部屋を再配分しながら、小物店舗などに合うように区切っている。執務室上部のトップライトは、漏水もあったためにガラスブロックを撤去し、新たなトップライトを埋め込んでいる。付属舎などはすべて撤去し、広場を囲む店舗建物が新たに設けられた。広場は床を全て板張りとして柔らかな雰囲気を作り、簡易なテントでくつろぎの日影を作っている。アイスクリームやコーヒーを販売する店舗があり、広場のテントにそれらを持ち込んで、松江ののんびりした一日を楽しんでもらえるようになっている。古い日銀の主要な部分はしっかりと残し、周りの付属舎は造り替えて、新たな魅力を作り出しているのがこのカラコロ工房だろう。

改修後外観

運営と足取り

カラコロ工房の運営は当初第三セクター方式が採られたが、平成一八年（二〇〇六）からはＮＰＯ法人に管理運営を委託し、平成二一年には指定管理者制度を採用している。この間、平成一五年に来館者二〇〇万人を達成し、平成二一年には年間来場者四〇万人超を達成した。利用者は当初のもくろみどおり観光客が多いが、市民もイベントや集会に利用する。地下の金庫室はちょっといい雰囲気を持ったコンサート会場となり、広場でパーティーを開く時には、空の下での自由な楽しい催しを演出してくれる。最近は一階に居酒屋風の飲食店も入り、市民の夜のひと時を過ごす場ともなっている。カラコロ工房に生まれ変わって一〇年以上たち、すっかり松江の町になじんでいる。今では観光客の集まるスポットでもあり、松江を象徴する建物にもなった。この建物の再生の成功はさまざまな波紋を投げかけた。古い建物を簡単に壊さず、歴史的背景を探りながら可能なものは再生していこうという機運は確実に定着した。平成二四年（二〇一二）には、やはり銀行建築であった旧山陰合同銀行北支店ビルもリニューアルされ、「ごうぎんカラコロ美術館」として生まれ変わった。近世からの城下町として、あるいは近代の商業発展の歴史の真っただ中にあった松江が、このように歴史の証明者たる建築によってさらに語り継がれていくことは、これからのまちの発展にとって大きな支えとなっていくことだろう。（足立正智）

カラコロ工房
〈所在地〉島根県松江市殿町四三番地
〈構造・階数〉鉄筋コンクリート造
　地上三階地下一階建て
〈建築年〉昭和一三年（一九三八）
〈設計者〉長野宇平治
〈改修年〉平成一二年（二〇〇〇）
〈改修設計者〉山久瀬建築設計事務所
〈現在の所有者〉松江市

石見銀山のなかむら館と古民家群（島根県大田市）

【明治期の銀行→会議、展示施設】

なかむら館外観。木造２階建ての土蔵造りで切妻入母屋の屋根を持つ

なかむら館の移築の経緯

なかむら館は、平成一一年（一九九九）まで大田市大田町にあった山陰では数少ない明治後期の擬洋風建築*「旧山陰合同銀行大田支店」が、当時の所有者であった大田市によって取り壊しの計画が進んでいたものを、大田市大森町で石見銀山と大森の歴史的な町並みの再生に取り組んできていた中村ブレイス*が引き取り、移築し修繕したものである。

「旧山陰合同銀行大田支店」は、明治三六年（一九〇三）に山陰初の民間の銀行であった旧松江銀行（現山陰合同銀行）本店として松江市に建てられ、大正九年（一九二〇）に大田市に移築された。建物は、木造二階建ての土蔵造り、瓦屋根ながら、エン

＊**擬洋風建築**：明治の初期に外国人居留地に建てられた西洋建築を見て、日本の職人がまねて建てた建築物。
＊**中村ブレイス**：義肢装具とメディカルアート製品を開発、販売する会社で、本社は島根県大田市大森町にある。創業は昭和49年（1974）。

なかむら館エントランス。洋風意匠が施された木製の柱、屋根頂部の石彫りの旧銀行のシンボルマークは建設当時のもの

トランス（玄関）や窓枠部分は洋風を取り入れている。昭和四八年（一九七三）まで山陰合同銀行大田支店として使用されたのち、市に譲渡され庁舎の別館となり、主に市教育委員会のオフィスとして使用され、昭和六〇年以降は倉庫となっていた。市は資料館としての利用など新たな活用方法を検討してきたが、前面道路の拡幅計画もあったため、現地での保存を断念した。

　中村ブレイス社長の中村俊郎氏は、平成一一年（一九九九）一一月の新聞記事でこの建物が解体の危機にあることを知り、大田市に直接出向き、大田市職員に移築保存を申し出、議会の賛同も得て引き取ることになった。

移築修繕の方法

　切妻入母屋の屋根を持つ木造二階建ての建物の移築時には、屋根を支えていた＊肥松《こえまつ》の大きな梁の解体に特に注意が払われ、接合部の取り外し時には安全性の確保に苦労したようである。旧建物に使用されていた木材の六割は再利用されている。特に、屋根を支えて

＊**肥松**：油分の多い松材の総称。

1階の会議および応接スペース

なかむら館側面。窓のうぐいす色の鉄扉が旧銀行の装いを感じさせる

いた肥松の梁、エントランスの洋風意匠が施された木製の柱と旧銀行の石彫りのシンボルマークはそのまま利用されている。基礎石として用いられていた島根県大根島《だいこんしま》*産の島石は、強度の問題から基礎としての再利用は難しく、エントランス周辺の敷石として利用されている。床材や壁材は新しいものを使用し、消防設備なども整備されている。瓦については、その重量のため運搬が難しく、今後一〇〇年の建物維持も考えて再利用は見送られている。

活用の状況

一階は、会議および応接スペースとして整備されている。二階の資料館は、一世紀以上前から使われていた肥松の梁が見えるように天井材を張っていない。内部は石見銀山が中世以降世界的に見ても銀産出の一大拠点であったことを実証するべく、中村俊郎氏が私財を投じて収集した古い貨幣やヨーロッパ製の古地図、日本の主要鉱山の絵巻物などが展示されている。この展示品の数々は、「なかむらコレクション」としてユネスコの世界遺産登録に

＊**大根島**：島根県の中海に浮かぶ島で、粘性の低い玄武岩質溶岩で島ができている。ぼたんや高麗人参の栽培でも有名。

２階資料館。肥松の梁が＊あらわしになっており、石見銀山に関係する貨幣や地図が展示されている

関わる委員が登録事前審査時にも目を通したものである。

なかむら館の敷地には後述するメディカルアート研究所や社員寮なども立地する。これらの建物群は、大田市街から大森地区に入る直前の場所に位置することから、「銀山の入口にある旧銀行の建物」として、大森に観光に訪れる人々にとっての効果的なランドマークになっている。

なかむら館
〈所在地〉島根県大田市大森町
〈構造・階数〉木造二階建て
〈延床面積〉二八〇平方メートル
〈建築年〉明治三六年（一九〇三）
〈改修年〉平成一二年（二〇〇〇）
〈改修設計者〉株式会社中島工務店
〈現在の所有者〉中村ブレイス株式会社

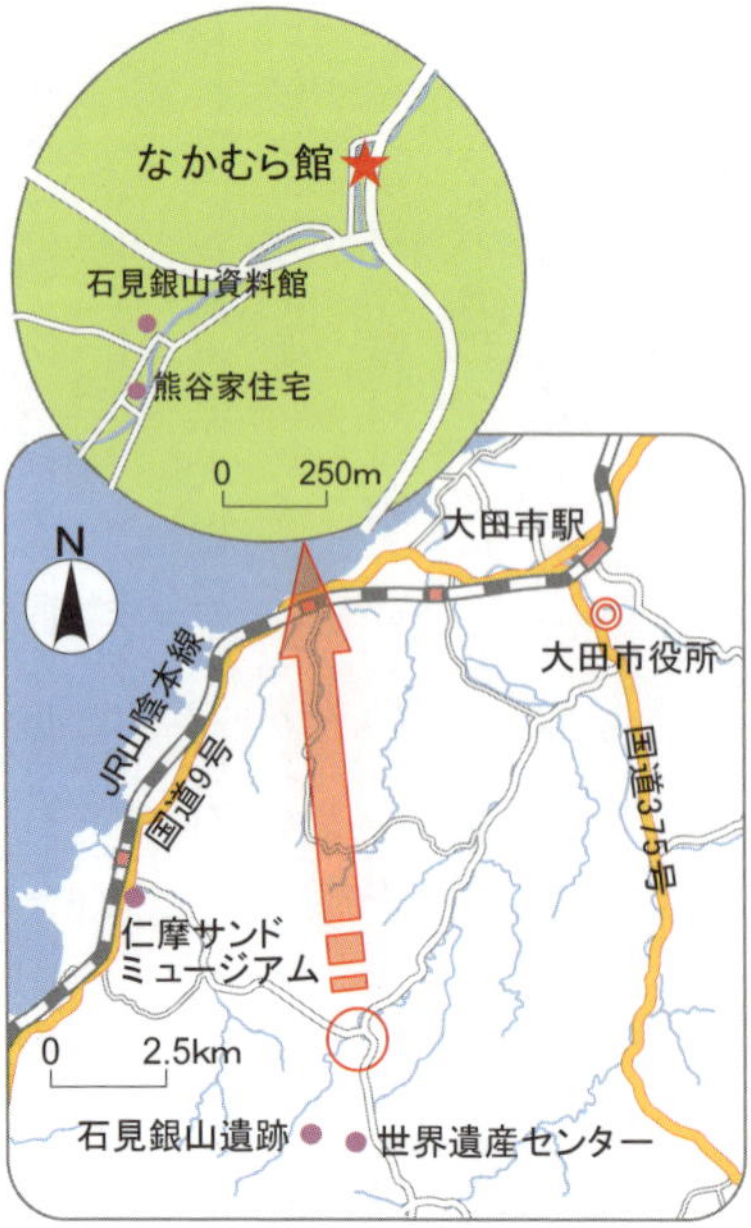

＊**あらわし**：あえて露出させる仕上げ。

中村ブレイスによる一連の古民家の保存活用

大森地区内にある中村ブレイス本社建物の外観

中村ブレイスは義肢装具とメディカルアート製品の開発、販売を行う会社で、本社や製造工房を創業者の出身地である大森地区内に設置し、社員七〇人を抱え、国内だけでなく海外三五か国へも販売実績を持つ会社である。メディカルアートとは、義肢製作の視点にアートの概念を取り入れた考え方で、シリコンゴムや着色材料などを使って、患者個々の身体の部位の形状だけでなく、肌の色つやまで再現する人工乳房などを製作している。中村ブレイスは大森地区において毎年一、二軒程度ずつ建物整備を行っており、古い民家などを買い取り、飲食店や社員寮などに再生させている。平成二四年（二〇一二）秋の時点で新築も合わせた総数は四〇軒となり、事業費は行政の補助を受けずに全て自社資金で実施しており、地元に立地する企業としての地域貢献への意気込みが感じられ、これらの活動には「メセナアワード二〇一〇」メセナ大賞などが贈られている。その中には平成二〇年に改修された石見銀山資料館（大森代官所跡）も含まれる。

＊**メセナアワード**：メセナとは芸術文化支援を意味するフランス語であり、メセナアワードとは公益社団法人メセナ協議会が企業や企業団体が行う優れた文化活動を検証する取り組みとして、毎年実施しているもの。

大森代官所跡に建つ石見銀山資料館。建物は明治35年（1902）に建てられた邇摩郡役所を利用しており、中村ブレイスの支援で内部を改修した

中村社長は自身の米国留学の際に、米国の起業家による社会貢献や文化芸術貢献を目の当たりにしたことで、これらの活動をごく自然にやってきたと語っている。さらに古民家を生かすことは、銀山閉山後の暗く沈んでいた地域を明るくし、かつてあった高い文化水準を復興するとともに、地域の左官や工務店の技術の継承にもつながっている。

以下では、中村ブレイスが行ってきた古民家のリニューアル事例の代表的な五つを紹介する。

◇中村ブレイス　メディカルアート研究所

大田市と合併した旧仁摩《にま》町にあった築一五〇年の木造の酒蔵を、平成一二年（二〇〇〇）に「なかむら館」の隣に移築したものである。かつては酒樽が並んでいた延床面積四九五平方メートルの酒蔵だったものを、二階建ての研究所として活用し、患者一人一人の情報に基づいてシリコンゴム製の人工部位の開発研究を行っている。切妻屋根、平入りの木造の酒蔵を移築し、古い梁を見せるように天井を仕上げることで、ものづくりやアートの研究所として求められる静けさや落ち着きのある空間を生み出している。正面エントランスの軒下には、大小二つの酒樽が並べられ、かつての酒造りの伝統や人の手による温かみを伝えている。

中央がメディカルアート研究所、右がなかむら館。これらの建物群は大森地区の玄関口に位置し、訪れる観光客のランドマークとなる

メディカルアート研究所のエントランス。軒下には大小2つの酒樽が並べられている

メディカルアート研究所内1階。シリコンゴム製の人工乳房などの開発研究が行われている

◇石見銀山代官所地役人遺宅《いたく》（旧岡家住宅）

玄関内部の土間

石見銀山代官所地役人遺宅の外観。
右手の黒い部分は焼杉板の縦張り

奥座敷。書院造りで座敷飾りを
備えている

建物は昭和四九年（一九七四）に島根県指定史跡に指定されており、江戸中期のころから銀山附地役人の居宅であった武家屋敷である。内玄関と式台の二つの玄関を持ち、主屋の周囲に庭を巡らせ、奥座敷は書院造り*で床の間、違い棚、付書院*などの座敷飾りを備えている。間取りは四間取形式に納戸と台所が付き、土間入口の階上には「つし二階*」が設けられている。また主屋から渡り廊下伝いに湯殿《ゆどの》（風呂場）、雪隠《せっちん》（便所）が設けられている。

平成一七年（二〇〇五）ごろに中村ブレイスが譲り受け、文化財としての調査費も含めて自力で修繕し、切妻平入りの焼杉板の縦張りの外観が印象的な和風のゲストハウスとして、来客や海外からの顧客をもてなす場所として利用されている。

＊**書院造り**：寝殿造りを原型として、桃山時代に完成した武家、寺家、貴族の客殿形式の一つ。丸柱の代わりに角柱が使われ、畳が部屋に敷かれている。座敷飾りとして床の間、違い棚、付書院などが付くのが特徴。
＊**付書院**：次ページ　＊**つし二階**：次ページ

◇銀の店、小さな店、味の店

平成四年（一九九二）に切妻平入りの木造一階建ての古民家を改修した、三つの店が並ぶ長屋風の建物である。大森地区の北側の玄関口となる敷地で、小さな店はギャラリー兼民芸品を紹介している。銀の店は銀山の町で銀細工の土産物を売り、味の店はごま豆腐を販売している。これらは地元の企業家に貸与し活用してもらっている。

右から銀の店、小さな店、味の店

低い屋根の石州瓦、木製やのれんの店看板、今は傘立てに使われる温泉津《ゆのつ》焼きの水瓶から、ほんのりとした風情が感じられる。

銀の店の内部。古い梁が見える。
銀細工の土産物を販売している

味の店の内部。味の店はごま豆腐を販売している

＊付書院：書院造りの床の間の縁側沿いに設けられた装飾的な窓形式。
＊つし二階：厨子二階（「つしにかい」または「ずしにかい」）。天井が低い屋根裏部屋。物置や使用人の寝間に用いられた。

うめの店の内部。古い梁が見え、開口部が大きく大森の通りに開けた雰囲気を持つ

山吹寮とさくら寮の外観。右から山吹寮、さくら寮の４世帯分の社員寮が並ぶ

◇社員寮

平成八年（一九九六）に切妻平入りの木造一階建ての古民家を改修、新築した、「山吹寮」「さくら寮」と名づけられた一家族と三人分の社員寮が並ぶ長屋風の建物である。外観は漆喰壁の古風な造りだが、内部は若い社員でも満足して暮らせるようにワンルームマンションとして整備されている。

◇うめの店

平成四年（一九九二）に切妻平入りの木造二階建ての古民家を改修した、銀の店などと同時にオープンした食堂、喫茶である。これも地元の料理人に貸与し活用してもらっている。改修後は人通りの多い通り側の平入り玄関をやめ、敷地北側の空地を前庭兼アプローチ空間として整備し、妻入り玄関としている。また、二階には銀山川に面した客席もあり、大森地区の北側に位置する大森代官所跡側から訪れた観光客へのもてなしの場所となっている。

大森の町並みの保存と世界遺産への登録

大森町は平成二二年（二〇一〇）時点で人口四〇五人、一八五世帯である。石見銀山は一四世紀初期に発見されたといわれ、一七世紀初頭に銀の産出量はピークを迎えて海外にも輸出された。大森は最盛期に二〇万人が暮らしたと伝えられる鉱山町で、江戸期には幕府の天領となっており、歴史上重要な史跡が多く残っている。銀山川に沿った幕府代官所跡から鉱山口までの約二キロメートルの細長い地域には、代官所の役人たちの武家屋敷と町家が混在する歴史的な町並みが続いていた。その中でも武家屋敷は道に面して門、塀、庭を配し、その後ろに主屋《おもや》が建つが、郷宿《ごうやど》などの町家は道に面して主屋が建ち、変化に富んだ町並み景観を形成している。

大森の町並み

大正一二年（一九二三）の銀山休山以降は、過疎化や少子高齢化によって町は寂れていたが、町並み保存活動などに取り組む中で、昭和六二年（一九八七）に鉱山町として面積三二・八ヘクタールの範囲が重要伝統的建造物群保存地区*に指定された。

＊**重要伝統的建造物群保存地区**：文化財保護法に規定する文化財種別の一つで、市町村が条例などにより決定した伝統的建造物群保存地区のうち、特に価値が高いものとして国が選定した。文化財としての建造物を単体ではなく群で保存しようとするもの。

観世音寺の眺望からみた
大森の北側の町並み

さらに平成一九年（二〇〇七）七月には「石見銀山遺跡とその文化的景観」として、銀山から温泉津町などの積出港までの一円が世界遺産に登録されている。（細田智久、熊谷昌彦）

〔参考文献〕
『旧山陰合銀大田支店　明治の洋風建築存続危機』（一九九九年一一月一三日中国新聞島根総合面記事）
『わが夢　中村ブレイス社長中村俊郎氏（五）地域と成長』（二〇〇八年四月二六日中国新聞記事）
『なかむらコレクション資料集―石見銀』（なかむら文庫、二〇一二）
全国伝統的建造物群保存地区協議会編『歴史の町並』（二〇〇八）

大森の町並みの中を流れる銀山川

古い町並みと銀山川による景観

なかむら館と再生された古民家群

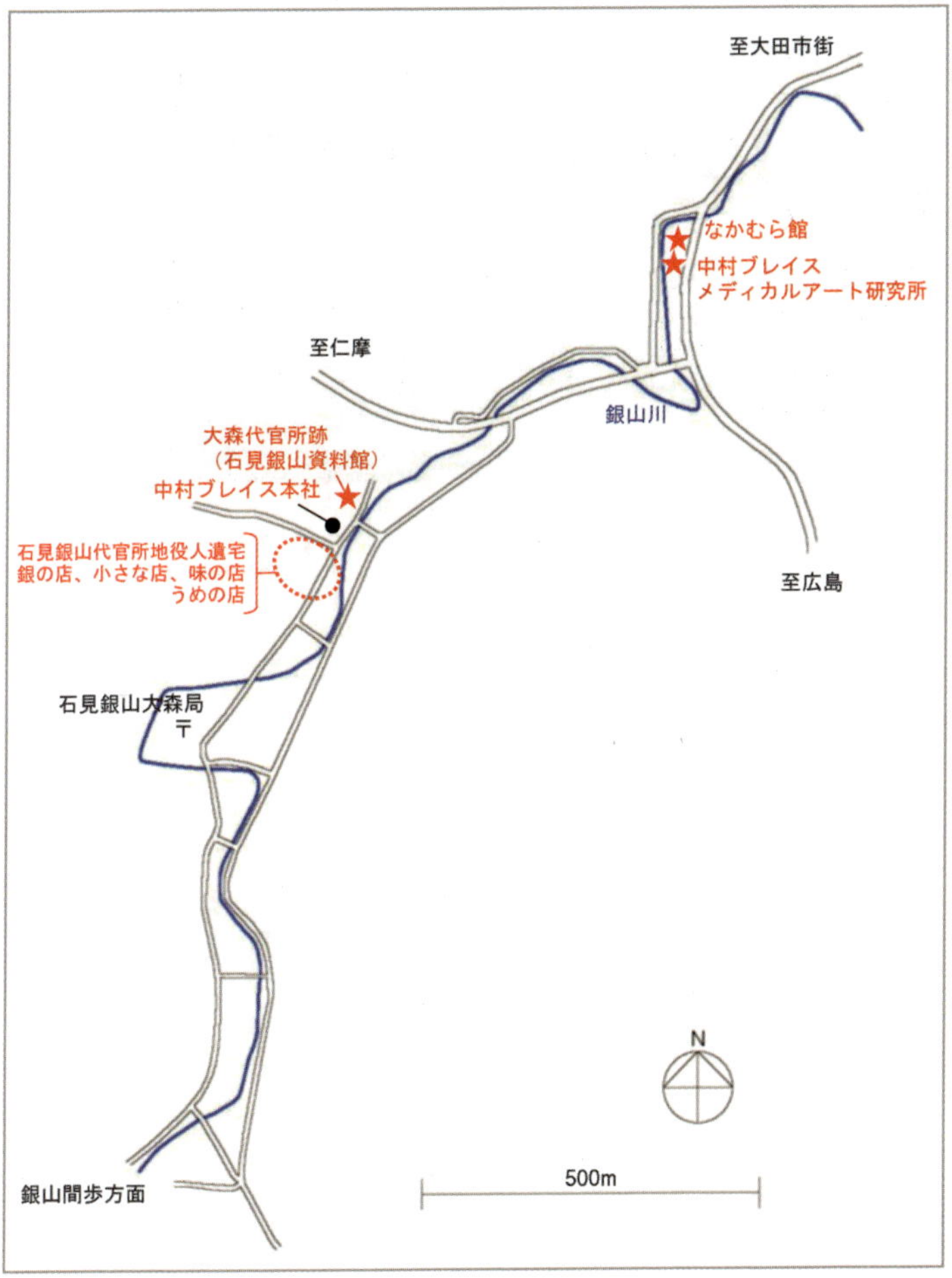

かげやま呉服店（島根県松江市）

【明治期の銀行→店舗】

かげやま呉服店正面ファサード

明治五年（一八七二）、明治政府によって国立銀行条例が公布された。名前は国立だが純然たる民間銀行であり、武士の特権を召し上げる代わりに政府が士族に支払った金を、再び吸い上げることを目的としてつくられたといわれている。表向きの目的は殖産興業の資金を提供することにある。銀行は設立順に番号を名乗ったが、ここで付けられた番号はその後いくつかの銀行名の中に残り、現在でも番号そのものが銀行の名前になっているものもある。かげやま呉服店の建物は第三国立銀行の松江支店として建てられ、同銀行の建物は鳥取県の倉吉にも残っている。それらを見ると第三国立銀行の建物の特徴は土蔵造りであると分かる。一見土蔵風の建物であり民家と見まがうようであるが、鬼瓦には「三」のマー

かげやま呉服店屋根裏小屋組

かげやま呉服店小屋裏の棟札

クが入り、銀行であったことを示している。防火上、あるいは防犯上、土蔵造りがよかったのだろうか。佐賀の三省銀行も同じように土蔵風に造られていた。

この建物が建てられたのは明治三六年（一九〇三）であるということは、小屋裏の棟に書かれていたことから分かる。木造二階建てで、構造は洋小屋であるが、＊キングポストから＊頬杖《ほおづえ》が八方向に伸びる面白い組み方となっている。基礎に松江の近辺で採掘される＊来待《きまち》石《いし》が用いられており、換気口には石のふたが設けられていて面白い。

現在この建物はかげやま呉服店の店舗として使用されている。創業は明治一九年（一八八六）と紹介されているので、いつの時代かに過去の建物を買い取り、改修されたものと思われる。特に目立った改修は玄関周りに集中し、二階の部屋、あるいは外観などはあまり手が加えられていない。（足立正智）

かげやま呉服店　〈所在地〉島根県松江市末次本町六番
〈構造・階数〉木造二階建て　〈建築年〉明治三六年（一九〇三）
〈改修年〉昭和四五年（一九七〇）〈現在の所有者〉かげやま呉服店

※ 地図はカラコロ工房参照

＊キングポスト：トラス構造において三角形の中心部に垂直に入れる柱。真束ともいう。　**＊頬杖**：風や地震などの水平力に対して建物の変形を防ぐ短い部材。　**＊来待石**：島根県松江市宍道町来待地区で産出される凝灰質砂岩で、出雲石灯ろうの原材料として知られる。

美保関《みほのせき》灯台ビュッフェ（島根県松江市）……………【明治期の灯台職員官舎→ビュッフェ】

美保関灯台ビュッフェ

島根半島の最東部に位置する岬の突端に美保関灯台が設けられている。建設当初、その岬の名称により地蔵崎灯台と呼ばれていたが、他の灯台と区別する必要から、昭和一〇年（一九三五）に改名され現名称になった。美保神社の神域に位置しており、神域は岬から北に伸びた沖の御前と呼ばれる岩礁までとなっている。

灯台は徳川幕府が慶応二年（一八六六）に英、米、仏、蘭と改税約書を締結した折にその建設を義務づけられた。幕府はイギリスに援助を依頼し、リチャード・ヘンリー・ブラントンが灯台建築首長（技師長）として来日したのが明治元年（一八六八）であった。それから明治九年に日本を去るまで、ブラントンは大型灯台三七基、港湾灯台九基を全国各地に建設した。光源がランプであるため火を恐れ、木造は一一基に過ぎない。しかし、煉瓦造や石造で建てるにしても、当時の日本には技術も経験もなく、加えて灯台の建設地は難所が多かった。煉瓦を焼かせたり地元の石を調達したりというところから苦労しなければならなかったようだ。

ブラントンはスコットランドで修行してきている。そのためスコットランド型のデザインが多く取り入れられ、それがブラントン帰国後の日本の灯台デザインを左右している。ブラントンが造った石造灯台を見ていくと、美保関灯台に類似したデザインが多く見られる。江埼灯台（兵庫県淡路市）、鍋島灯台（香川県坂出市）、釣島灯台（愛媛県松山市）などがそうだ。このことからしてもブラントンが去ったのちも、彼のデザインを基調として、日本人の技術者が後継していったものと想像される。

美保関灯台は明治二九年（一八九六）に調査が開始され、翌年二月に航路標識管理所技手大沢正業、黒田喜孝、書記三木権一が美保関に赴いている。竣工は明治三一年。総工費約五万二〇〇〇円で、そのうちフランス製レンズに一万六〇〇〇円を費やしている。

建設に当たっては、地元から道路建設、作業員と用地が提供され、石工《いしく》は片江村の寺本常太郎であった（美保関町誌）。明治三一年に一等灯台として初点灯しており、灯器の光源は当初四重芯石油燈であった。

ビュッフェの内部

現在はビュッフェとして使われている旧吏員退息所は灯台に隣接して建ち、昭和三七年（一九六二）まで灯台看守の宿泊施設として使われていた。その後、島根県観光開発公社に所有が移り、ビュッフェとして改修された。その改修は昭和四七年に行われ、内壁はほとんど取り去られ、外壁も海側が撤去され、客室が増築されている。もともとは便所棟も含め三棟あったのが、間を増築して全てが棟続きになっている。開口部なども部分的に埋められたり、新設されたりで、当時の姿を伝えるものは大まかな外観でしかない。構造躯体は灯台と同じ森山石*で構築され、当初は石の素地が現されていたようだが、ビュッフェへの改修時点で白くペンキを塗られている。新たに増築された部分は森山石以外の石が使われている可能性もある。窓は鎧戸風《よろいどふう》の開き窓があったと思われるが、取り払われ内側の上げ下げ窓のみが残されている。そして平成二四年（二〇一二）にさらに改修され、同時にコンクリートによって耐震補強もされている。

主入口と思われる部分にはさほど手が加えられていない。その部分は木造であるが、ポルティコ*の二本柱は円柱で、柱頭はコリント式*でアカンサスの葉が彫られている。屋

＊**森山石**：松江市美保関町森山産の凝灰質砂岩。出雲の日御崎灯台も森山石が使われている。　＊**ポルティコ**：建物の玄関に導くポーチで、柱で支えられた屋根を持つ。　＊**コリント式**：古代ギリシャ建築における建築様式の一つ。ドーリア式よりのちのもので、アカンサスの葉をモチーフとした華麗な表現を特徴とする。

ビュッフェの玄関

根は三角ペディメント*で、アカンサスの葉を模した浮き彫りの中央に逓信省《ていしんしょう》の「〒」マークがあしらわれている。レーキング・コーニス（軒蛇腹《のきじゃばら》）は簡略化されているが、官舎の入口としてはかなり立派な意匠が施されているもので、当時の灯台の重要度が想像される。屋根については、明治四〇年ごろに撮られたと思われる写真から、瓦葺きであったことが分かるが、強風に耐えられず、銅板葺きに変更されたとのことだ。（足立正智）

美保関灯台ビュッフェ（美保関灯台旧吏員退息所）
国登録有形文化財（平成一九年（二〇〇七））
〈所在地〉島根県松江市美保関町美保関一三三八番地一〇
〈建築年〉明治三一年（一八九八）
〈設計者〉フランス人技師（ほか諸説あり）
〈改修年〉昭和四七年（一九七二）、平成二四年（二〇一二）
〈現在の所有者〉松江市

＊ペディメント：西洋建築における切妻屋根の三角形の部分。

震《しん》湯《ゆ》ギャラリー・カフェ内蔵丞《くらのじょう》（島根県大田市）

【大正期の温泉施設→ギャラリー、カフェ】

震湯ギャラリー・カフェ内蔵丞外観

大正八年（一九一九）に温泉施設として建てられた洋風の木造建築。現在、温泉津《ゆのつ》に現存する温泉施設としては最古で、島根県を代表する近代建築の一つとなっている。設計は松江城の興雲閣を設計した和泉利三郎である。

一階正面の窓の上に左右対称にギリシャ風ペディ*メントを簡略化した曲線の飾りがあり、さらに一、二階の軒先飾り、一階内部の見事な細工の組み込み天井や階段など、明治期の島根で活躍した和泉利三郎の実績と経験が写し出されている。屋根は寄棟屋根、赤い石州瓦葺きとし、正面中央に屋根窓、棟両端に換気塔を建て、しゃれた造りとなっている。なお足元周りの礎石や腰壁に地元産の福光石*が使用さ

＊**ペディメント**：建物の正面を強調するために、窓や出入口などの上部に取りつけられる意匠的な装飾。ギリシャ建築に由来する。
＊**福光石**：温泉津で産出される淡い青緑石の比較的軟質の凝灰岩で、島根県を代表する石材の一つ。

れている。当初は一階正面に半間（〇・九メートル）ほど張り出したポーチが付き、その上は二階のバルコニーとなっていた。ポーチの中央の奥に番台の窓があり、左右に男湯、女湯のステンドグラスが入口表示となっていた。現在それらは中央部の両上に飾られている。当時温泉は一等と二等があり、一等の更衣室の天井と二階へ続く階段は一見の価値があるといわれている。特に天井は、全国各地にある木造洋館の中でもまれなほど手の込んだ細工だと、県外の専門家に評価されている。当時の湯船は一階奥部分の地下に埋まったままになっている。つまり現在のカフェとギャラリーは、当時の一等と二等の更衣室を復古創新したもので、各室の間の壁を取り払い、二つの見事な天井と、その間にある階段を一堂に鑑賞できるような空間にした。柱のカンナ跡や大きな蝶番《ちょうつがい》などが当時をしのばせ、建物が醸し出すレトロな雰囲気が、各地からの観光客に好評である。

更衣室の天井と２階へ続く階段

当初は二階の軒下の各照明の間に、右側から「温泉

夜間の外観

文化休憩所」という看板が掛けられていた。当時から二階は和室で、一等客の休憩室だった。現在は薬師湯の有料休憩室として使われているが、時々、寄席や音楽会などにも活用される。

温泉津は温泉地としては全国で唯一、重要伝統的建造物*群保存地区（重伝建）に指定されているが、現在一階の女湯側には、その重伝建の町並みをユニークなタッチで描いた絵が展示されている。また男湯側は重厚な家具や調度品などを見ながら銀山の歴史にまつわる食事や健康志向のケーキなどが食べられるカフェとなっている。（足立正智）

震湯ギャラリー・カフェ内蔵丞
〈所在地〉島根県大田市温泉津町温泉津ロ七番地一
〈構造・階数〉木造二階建て
〈延床面積〉二四五平方メートル
〈建築年〉大正八年（一九一九）
〈設計者〉和泉利三郎
〈改修年〉平成一九年（二〇〇七）
〈改修設計者〉内藤央真、尾川隆康
〈現在の所有者〉個人所有

＊**重要伝統的建造物群保存地区**：文化財保護法に規定する文化財種別の一つで、市町村が条例などにより決定した伝統的建造物群保存地区のうち、特に価値が高いものとして国が選定した。文化財としての建造物を単体ではなく群で保存しようとするもの。

ごうぎんカラコロ美術館

（島根県松江市）……………【大正期の銀行→美術館】

ごうぎんカラコロ美術館外観

平成二四年（二〇一二）九月、それまでは山陰合同銀行北支店として使われていたが、支店の新築移転に伴いリニューアルされて美術館としてよみがえった。この建物は大正一五年（一九二六）に旧八束銀行本店として建てられた。旧日銀松江支店とも近く、銀行建築が多く立ち並ぶ街の一角を占めていた。スタイルは古典様式のモチーフであるエンタシス*のオーダー*を正面に配しているが両側に二本の柱を寄せて建てている。これは本来の古典様式にはないデザインではあるが、そのころイギリスを中心として流行した、いわゆるフリークラシック様式といえるだろう。オーダーのキャピタル（頂部）もトスカナ式*に近いが独特のデザインが用いられている。

＊**エンタシス**：円柱の下部（中部）から上部にかけて徐々に細くした柱で、下から見上げると真っすぐに安定して見える錯覚を生むため、巨大建築物の柱に用いることが多い。古代ギリシャ建築に見られる技法。
＊**オーダー**：古典主義建築の基本単位である円柱と梁の構成法。
＊**トスカナ式**：オーダーのうち最も単純な形式のもの。

美術館１階展示場

美術館正面

八束銀行は前身が八束貯蓄銀行である。八束銀行からすぐに松江銀行となり、さらに昭和一六年（一九四一）に山陰合同銀行に合併されている。合併と分裂を繰り返した山陰の近代金融史がそのままに残っている建物ともいえるだろう。執務室の内部は創建当時の姿がほぼそのままに残っている。顧客と行員を仕切るカウンターがＬ字形に配され下の空間を仕切っているが、そのカウンターの天端からさらに内部のオーダーが天井を支えている。キャピタルは外部のものとは違いイオニア式*に近い形で新たにデザインされている。ロビーは石もふんだんに使われていたが、今回の改修ではほとんど板張りに変えられている。執務室の四方は二階のバルコニーが巡らされているが、手すりが低いため、今回のリニューアルで新たに法令に沿った手すりが新設された。天井が高く容量の大きな空間が広がり、気持ちのよいギャラリー空間としてよみがえった。応接室のドアにモザイク風にデザインされた模様が埋め込んである。なんとなくＦ・Ｌ・ライト*の建築にあるようなデザインでもある。階段の

＊**イオニア式**：オーダーの形式の一つで、渦巻模様が特徴。
＊**Ｆ・Ｌ・ライト**（フランク・ロイド・ライト）：アメリカの建築家（1867年〜1959年）。世界的に著名な近代建築家の一人で、日本では旧帝国ホテルなどの作品がある。

＊儀宝珠《ぎぼうし》にも同様のデザインが見られる。

リニューアルに当たって美術館としての機能と耐震性の確保に腐心がされている。床は固い木のフローリングで段差をなくすようにし、全体に＊ラジエーターを使いながら柔らかな空調を実現している。耐震補強として既存開口部の内側にスチールの格子を施すなどさまざまな工夫を凝らしている。建物の背面は全く新たな鉄骨のフレームを設け、その中にエレベーターなどを組み込んでいる。ライトアップ用照明も要所に設け、カラコロ工房と連携した金融街的景観を作っている。（足立正智）

美術館背面のカーテンウォール

ごうぎんカラコロ美術館
〈所在地〉島根県松江市殿町四一二番地
〈構造・階数〉鉄筋コンクリート造二階建て
〈建築年〉大正一五年（一九二六）
〈改修年〉平成二四年（二〇一二）
〈現在の所有者〉株式会社山陰合同銀行

※ 地図はカラコロ工房参照

＊**儀宝珠**：花の形をした手すりの飾り。
＊**ラジエーター**：蒸気や温水によって室内を暖める暖房装置。輻射《ふくしゃ》や対流によって放熱するので、室内の空気を汚さない。

〔コラム〕新たな活用を待つ興雲閣《こううんかく》（島根県松江市）

【明治期の工芸品陳列所→資料館→新たな活用に向け改修中】

興雲閣の外観。木造2階建てで屋根は入母屋桟瓦葺きの和風。1階柱は大根島産の島石の柱脚の上に建つ。外周はエンタシスの列柱とベランダを巡らせた洋風

興雲閣は、明治天皇の山陰地方巡幸の際の＊行在《あんざい》所《しょ》とすることを想定し、工芸品陳列所として明治三六年（一九〇三）に松江城内に建設された。明治四〇年には、のちに大正天皇となる皇太子の＊行啓《ぎょうけい》の迎賓館的な旅館とするために浴室の取り付けや内装の改修が行われ、明治四五年に山陰鉄道連絡記念物産共進会の美術会場とするために階段室増築工事などが行われた。現在の興雲閣はこの明治四五年当時の姿を残している。興雲閣の建築様式上の特徴としては、屋根は入母屋桟瓦葺《いりもやさんかわらぶ》きの和風で、外周に柱の中ほどに膨らみのある＊エンタシスの列柱とベランダを巡らせた洋風の外観を持つ＊擬洋風建築《ぎようふうけんちく》である。ベランダの列柱は＊タスカンオーダー形式で、

＊**行在所**：天皇が外出したときの仮の御所。　＊**行啓**：皇后、皇太子、皇太子妃などが外出すること。　＊**エンタシス**：古代ギリシャ発祥の建築方法で、円柱を下部から上部にかけて徐々に細くしたもの。　＊**擬洋風建築**：明治の初期に外国人居留地に建てられた西洋建築を見て、日本の職人がまねて建てた建築物。　＊**タスカンオーダー形式**：ギリシャ建築に見られる重厚なドリス形式を簡略化した様式。

階段ホール。２階の壁面は階段室増築工事前の外壁の意匠を残す

一階柱は地元の大根島《だいこんしま》産の島石《しまいし》による柱脚の上に建ち、柱頭に装飾化した持ち送りを付け、幕板には亀甲切り模様が施されている。戦後は県庁仮分室や松江市教育委員会事務局庁舎として利用され、昭和四四年（一九六九）に島根県指定有形文化財に指定されている。昭和四八年から平成二三年（二〇一一）までは松江郷土館として利用され、現在は活用に向けた調査などのために閉鎖中である。

平成二〇年以降、興雲閣修理復原*・活用検討委員会で検討が進むと同時に、タウンミーティングやギャラリー、カフェの設置による社会実験も行われてきた。これらの結果、平成二三年度の興雲閣活用検討会議において、平成二四年度以降の根本的な保存修理と耐震性の確保のための工事が予定されている。活用イメージとしては、松江城の城山公園内（旧松江城二の丸）の立地を生かし、市民や観光客の憩いの場として、同時に魅力ある観光スポットとして広く親しまれることを目指している。具体的には、一階は明治や大正のロマン漂うカフェ、興雲閣の歴史展示スペースを設け、二階は貴顕室の復原展示、大広間の市民ギャラリーなどのための多目的スペース化が想定されている。（細田智久、熊谷昌彦）

＊**復原**：改修等で形が変わっていたものを当初の姿に戻すこと、あるいは旧部材や文献などに基づいて再現すること。

休憩室。エントランスの真上に位置し、ベランダ越しに松江市街を見渡せる

貴顕室。大正天皇が皇太子時代に宿泊された部屋で当時の復原展示が期待される

大広間。２階中央に位置する最も大きな部屋で、市民ギャラリーなど多目的スペースとしての活用が期待される

興雲閣
島根県指定有形文化財（昭和四四年）
〈所在地〉島根県松江市殿町一番地五九
〈構造・階数〉木造二階建て
〈延床面積〉約七五〇平方メートル
〈建築年〉明治三六年（一九〇三）
〈現在の所有者〉松江市

〔参考文献〕
松江市教育委員会編『興雲閣保存活用計画』（二〇一二）
『松江市の近代化遺産（興雲閣特集Ⅰ）』（『松江市歴史叢書三』）（松江市教育委員会、二〇一〇）

玉川沿いの白壁土蔵群（鳥取県倉吉市）……【明治期等の蔵→商業施設、工房等】

白壁土蔵群再生のさきがけとなったサダルチョーク（左側）

*重要伝統的建造物群保存地区の倉吉市打吹《うつぶき》玉川

東西に細長い鳥取県の中央部に位置する倉吉。その歴史は古く、古代には*伯耆国《ほうきのくに》の中心として栄え、南北朝時代には打吹山に築かれた打吹城の城下町として、江戸時代には*陣屋町として発展した。さらに山陰道、津山街道、勝山街道などの交通の要衝である上に、三朝《みささ》温泉や関金温泉などへの入口にも当たるため、廃城後も各地との交流の盛んな町として近世から近代初期に至るまで多くの人で賑わい続けた。

倉吉の主要街路である本町通りの裏側には、玉川と呼ばれる人工の川が流れている。玉川はこの地に住む人々に「川端」と呼び親しまれながら、洗濯などの使い水や防火用水として使用されてきた。洪水

＊**重要伝統的建造物群保存地区**：文化財保護法に規定する文化財種別の一つで、市町村が条例などにより決定した伝統的建造物群保存地区のうち、特に価値が高いものとして国が選定した。文化財としての建造物を単体ではなく群で保存しようとするもの。　＊**伯耆**：かつて日本の行政区分であった令制国の一つで、鳥取県中西部の地域。　＊**陣屋町**：藩庁が置かれた屋敷（陣屋）を中心に形成され、陣屋に関わる武士らを相手に商売を営む商工業者が集まり発展した町。

平成22年に重伝建地区に含まれた新町

打吹山を背景に広がる町並み

や高度経済成長期の水質汚濁などの被害に見舞われるたびに補修や改修が行われており、改修の最も古い記録は江戸時代初期にまでさかのぼる。この本町通りの裏側、生活の場としての玉川の性格は、近代に至るまで変わらず続いた。

また、倉吉は＊稲扱千刃《いなこきせんば》や木綿、倉吉絣《かすり》などの商工業が盛んで、これらを保管する土蔵が玉川に沿って軒を連ねており、現在もこの当時のようすをしのぶことができる。

打吹山の麓、現在の倉吉市役所の北側に位置する倉吉市打吹玉川地区（以下打吹玉川）は、近世から近代初期にかけての倉吉の町のようすを色濃く残している場所として、平成一〇年（一九九八）に国の重要伝統的建造物群保存地区（重伝建）に選定されている。このときの選定範囲は、本町通りと玉川を中心に四・七ヘクタールが対象となっている。また重伝建選定の一〇年後に行われた見直し調査を経て、平成二二年に四・五ヘクタールが＊新たに追加されており、現在九・二ヘクタールが打吹玉川重伝建地区として保存の対象となっている。

＊**稲扱千刃**：収穫した稲穂からもみ粒をしごき取る脱穀のための道具で、櫛の歯のように先がいくつもに分かれているので千刃と呼ばれた。
＊**新たに追加**：アーケードが架けられていたことなどを理由に重伝建地区に含まれなかった部分が、平成19年（2008）のアーケード撤去、その翌年の見直し調査を経て、平成22年（2010）に追加されている。

商家が軒を並べる本通り沿いの景観

赤瓦が一様に広がる倉吉市打吹玉川地区

重伝建地区内の二つの景観

打吹玉川は、全域にわたって主に赤瓦（石州瓦）*で屋根が葺《ふ》かれているため、高台などからこの町を俯瞰《ふかん》すると、赤瓦が一様に広がるさまを眺めることができる。

また、この地区の景観は二つに大別できる。一つは商家の主屋が連続する本町通り沿いの景観である。本町通りは打吹城築城に伴う城下町の形成以降、町人町として発達し、江戸時代には倉吉町最大の繁華街として賑わいを集めた。大半の町家が店舗併用住宅であり、主屋の多くが平入りの構成をとっている。重伝建地区内では本町通りの両側に見える建築物の七割以上が伝統的建造物であり、古くから続く商家の町を楽しむことができる。

打吹玉川の主要な景観のもう一つは、本町通りに並ぶ商家の用水路である玉川と白壁土蔵群からなる玉川沿いの景観である。幅員三メートル程度の玉川に接して、白壁の土蔵が整然と建ち並んでおり、この地区特有の景観を形成している。

＊**石州瓦**：島根県西部の石見地方（旧石見国＝石州）で生産されている粘土瓦で、三州瓦、淡路瓦と並ぶ日本三大瓦の一つ。焼成温度が高いため、強度に優れ、寒冷地方に適しているとされる。

玉川沿いの白壁土蔵群の意匠的特徴

玉川沿いから望むことのできる土蔵は、本町通り北側の町家の敷地内に建てられている。これらはいずれも外壁の下半部を焼き杉板の縦目板張りとし、上半部を白漆喰塗りとしている。また、土蔵群の基礎石垣および石橋も共通の意匠が採用されており、いずれも安山岩が用いられている。さらに屋根も石州瓦葺きとなっている。統一された意匠が玉川に沿って整然と並ぶ姿は、玉川沿いの白壁土蔵群として人々に親しまれている。

漆喰壁、焼き杉の腰板、土蔵を支える石垣が建ち並ぶ玉川沿いの景観

白壁土蔵群を形成している個々の土蔵は、醤油の醸造蔵や酒蔵、土蔵、裏座敷など、それぞれさまざまな用途を担っているため、共通する意匠を持ちつつも建物ごとに差異を見ることができる。例えば戸口はその用途に準じて片開板戸、両開板戸、引違板戸などが取りつけられている。また、醸造蔵で下方に換気口が設けられている例や裏座敷で適宜窓が設けられている例などがあり、実情に応じた工夫を各戸に見ることができる。この傾向は一枚岩で作られた石橋においても同様で、二枚または三枚添いとしている例を見ることができる。このように基礎の石垣や一枚岩の石橋、腰の焼き杉板張りや白い漆喰壁、赤い石州瓦が統一感をもたらしつつ、各種建物の意匠上の差異がアクセントとなって、玉川沿い

の土蔵群の景観は形成されている。

玉川沿い景観の再生の経緯

明治から大正にかけて、酒屋、油屋、米屋に加えて木綿および稲扱千刃などの蔵を必要とする産業が失われ、白壁土蔵群の多くがその役割を終えている。不要な蔵を取り壊して裏座敷に建て替える例や、一部を座敷に改造する例などが見られるようになり、その座敷も物置化するか、借家として利用されるような状況であった。衰退した玉川沿いの白壁土蔵群に変化が現れ始めるのは、「倉吉商家町並保存対策調査」が行われた昭和五四年（一九七九）のことである。

一枚岩、二枚添いの石橋

町並保存対策調査以降、玉川沿いの土蔵群の修復を主目的とする「倉吉古い町並み保存会」が、倉吉市、商工会議所、地元関係者などによって組織され、昭和六二年までに二二棟の土蔵が修理されている。その後、打吹玉川が重要伝統的建造物群保存地区に選定された平成一〇年（一九九八）には、株式会社赤瓦により赤瓦一号館から三号館が開店した。翌平成一一年には、伝統的建造物の保存修理事業が始まった。その後も、平成一四年に打吹玉川周辺の商店主を中心に「あきない中心倉」が発足し、地域の活性化のための研究、調査、活動をし、講演会や座談会を通してまちづくりに取り組んでいる。

このように、地元住民と組織、商工会議所、商店街や市などの連携によって、地域の歴史、伝統、文化を掘り起こし、地域資源として再生する活動が行われている。その中で地域資源としての既存の建物を改修した事例は、本町通り沿いと玉川沿いだけでも約四〇件ある。その特徴は、本町通りにおける改修のほとんどが

昭和54年の玉川沿いの景観
（提供：『城下町倉吉に暮らす』
（アートハウス夢扉協議会作成））

店舗を店舗として改修するという、用途変更を伴わない改修（コンバージョン）であるのに対し、玉川沿いにおける改修の多くは、土蔵群や住宅などから店舗やギャラリーなどにその用途を変えながらの改修（リノベーション）となっていることである。以下では玉川沿いに観光客の流れを生み出すことにつながったリノベーション事例を紹介する。

サダルチョーク（旧ロフトハウス）

昭和一〇年（一九三五）に飼料庫として建てられた蔵を、昭和五一年（一九七六）にライブハウス（ロフトハウス）として再生したもので、玉川沿いの土蔵改修の最初期の事例である。改修当時の玉川は、生活排水による水質汚濁で悲惨な状態の寂しい裏道となって

▲サダルチョーク２階のカフェ

◀サダルチョークの内観。吹き抜けにより内部を一体的に利用している

しまっており、蔵の劣化も著しいものであった。しかし店のオーナーは、土蔵に新たな役割を与えることで、倉吉に魅力が生まれると確信し改修に踏み切っている。改修後は地域の人々が集まる町の寄り合い場となった。店舗開店から四年後には「倉吉古い町並み保存会」による玉川沿い八〇メートルの間にある土蔵群の修復改修が行われるなど、蔵の活用は周辺に波及している。その後ロフトハウスは、平成七年～八年（一九九五～九六）に屋根の老朽化などを理由に一度閉店した。しかし、平成一一年重伝建地区の保存修理第一号事業として、屋根や基礎、外壁を修理し、平成一二年に店名をサダルチョークとしてリニューアルオープンした。一階は洋服、アクセサリー、アジアン雑貨を取り扱う店舗で、二階は喫茶スペースとなっている。

サダルチョーク

〈所在地〉鳥取県倉吉市新町一丁目二四五三番地
〈構造・階数〉木造二階建て〈延床面積〉約一八〇平方メートル〈建築年〉昭和一〇年（一九三五）
〈改修年〉第一期　昭和五一年（一九七六）、第二期　平成一二年（二〇〇〇）
〈管理・運営〉サダルチョーク

アートハウス夢扉。染色作業の風景
（提供：鳥取県中部の情報発信誌『tetete』
（NPO法人未来発行））

酒造醸造蔵２棟の内部を改装した
アートハウス夢扉

創作工房　アートハウス夢扉

明治時代後期に建てられた酒造醸造蔵二棟の内部を改装した事例で、地元染色家の創作工房である。一棟目の蔵は、高田酒造主屋の玉川を挟んで背後に建つ醸造用の蔵で、屋根は石州瓦葺き、壁は中塗仕上げ、腰部は焼板張りである。その東隣に建つもう一棟の蔵は、梁間二間半（一間は約一・八メートル）、桁行六間で、先の蔵よりひとまわり小さな造りとなっている。両蔵の境には大きな開口部があり、内部は一連に使えるようになっている。外観は、外壁を真壁とし半間ごとに柱を見せ高窓を配しており、変化に富んでいる。平成一三年（二〇〇一）、地元アーティストが活動できる場所を創ることを目的として、関係者の手作業による土壁の改修が始められた。その後、県の補助も加わり、腐食した柱や小屋組などを改修している。二棟を合わせた長手方向（桁行方向）は一八間（約三三メートル）程度と長く、この広いスペースを活用して、観光客を対象とした染色の体験イベントや写真展などが催されている。出入口も玉川

防災センターくら用心の内観

本町通りから見た防災センターくら用心

に面して設けられているため、玉川沿いを散策する人々がふと工房に訪れる姿が見られる。

創作工房　アートハウス夢扉
国登録有形文化財（平成一三年（二〇〇一））
〈所在地〉鳥取県倉吉市新町二丁目二三八一番地一
〈構造・階数〉木造二階建て　〈延床面積〉約一八〇平方メートル
〈建築年〉明治時代後期　〈改修年〉平成一三年（二〇〇一）
〈管理・運営〉ぎゃらりい和

防災センターくら用心

防災センターくら用心は、重伝建地区の防災センターとして、平成一五年（二〇〇三）に起きた火災によって焼失した「肥料桑田」家の跡地に建設されたものである。倉吉市が市民などから寄せられた義援金により火災跡地の一部を購入し、整備を行った。

「肥料桑田」家は、明治時代後期に建てられた建物で、塩の販売などを行っていた。焼失後は倉吉の伝統的な町家の様式を用い、焼け残ったケヤキの大黒柱や軒先の腕木*などを再利用し、伝統工

＊腕木：垂木や庇などを支えるため、柱や梁などから横に突き出させた横木。

法に則して再生している。くら用心の管理活用を行っている倉吉町並み保存会は、自主防災のための組織を結成し、消防設備の確保と維持、そして年に数回の防災訓練などを行っている。玉川沿いからは一枚岩の石橋を渡って入り、中庭を通って本通りまで通り抜けることができる。そして敷地の玉川沿いには、火災での消失を逃れた土蔵が三棟建っている。そのうちの二棟は展示室として一般に貸し出している。どちらの外観も土蔵としての姿を残している。

▲防災センターくら用心の展示室として利用される蔵

◀くら用心の玉川沿いの出入口。玉川からは一枚岩の石橋を渡って入る

防災センターくら用心
〈所在地〉鳥取県倉吉市東仲町二五七八番地一
〈構造・階数〉木造二階建て
〈延床面積〉一二三平方メートル（土蔵三棟）
〈建築年〉明治時代後期　〈改修年〉平成一七年（二〇〇五）
〈管理・運営〉倉吉市教育委員会、倉吉町並み保存会

株式会社赤瓦の建築群

平成九年（一九九七）、商工会議所の青年部数人が発起し、第三セクターのまちづくり会

造り酒屋の蔵を改装した３号館、中野竹藝

白壁土蔵群（左側）と赤瓦１号館（右側）

社である株式会社赤瓦が設立された。衰退した商店街の賑わいを取り戻すことを目的に、土蔵や町家を改修するなど地域の資源を生かした活性化に取り組んでいる。

重伝建地区に選定された平成一〇年（一九九八）の赤瓦一号館から三号館を皮切りに、平成二四年には一六号館（四号館と九号館はない）まで開店している。そのうち一号館から五号館、一〇号館から一六号館でリノベーションが行われている。

赤瓦一号館は明治末期から大正初期に建てられた醤油醸造場の原料蔵と仕込蔵を改装したもので、天井の梁と束柱*を格子状に組み合わせた五重構造の小屋組を特徴としている。改修の際には外観は蔵の趣を残し、屋根、瓦、床材などを修復している。現在は土産屋、雑貨店などのショップが並ぶ物産館となっている。

赤瓦三号館の中野竹藝は、造り酒屋の蔵を改装して、「丸竹加工」といわれる竹を曲げる技術で作られた作品などを販売する店舗として活用している事例である。また本町通り沿いに立地する一三号館の白壁倶楽部は、国登録有形文化財でもある明治四一年（一

＊**束柱**：梁と横木との間などに立てる短い柱。

赤瓦13号館の内観。擬洋風建築の天井飾りや階段は建築当初のまま残されている

本町通り沿いから見た赤瓦13号館白壁倶楽部

九〇八）に建てられた土蔵造りの旧国立第三銀行倉吉支店を、地元の食材を使った洋食屋として活用したものである。擬洋風*建築の外観のみならず、天井の飾りや階段などの建具は建築当初のまま残されている。

これら一連の店舗は、建物内外ともに、可能な限り改修前の建物の持つ魅力を生かす配慮がなされている点で共通している。

赤瓦一号館から五号館、一〇号館から一六号館
〈所在地〉鳥取県倉吉市新町一丁目二四四一番地ほか
〈構造〉木造
〈改修年〉平成一〇年〜二四年（一九九八〜二〇一二）
〈管理・運営〉株式会社赤瓦による直轄運営またはフランチャイズ

群としての建築遺産の再生

単体の建築遺産の再生の場合、既存部の外観や内観およびその活用のされ方が焦点となると思われるが、これが群として扱われる場合は、その影響は単体の建築物や工作物のみの役割の

＊**擬洋風建築**：明治の初期に外国人居留地に建てられた西洋建築を見て、日本の職人がまねて建てた建築物。

変更ではなく、景観や都市の構造にまで及ぶ。

玉川沿いは江戸時代から連綿と育まれた景観を今に伝えるものであり、一九七〇年代後半から地元住民をはじめ多くの人々により、景観になじむように意識した建築の改修が行われている。景観の魅力の保持を念頭に置いた建築群の改修が、この地に住まう人々の生活に密着した裏通りを、公的な街路空間へと変化させ、打吹玉川の観光スポットとなる景観を創り出し、現在の地域振興につながっている。玉川沿いの景観は、観光客が行き交う通りの魅力と落ち着いた生活の雰囲気の残る通りの魅力、その双方の魅力を合わせ持っており、またこれからも保持することが求められている。（小椋弘佳、熊谷昌彦）

〔参考文献〕
倉吉市教育委員会編『倉吉商家町並保存対策調査報告書』（一九八〇年）
倉吉市教育委員会編『倉吉市打吹玉川伝統的建造物群保存地区見直し調査報告書』（二〇〇九年）
アートハウス夢扉協議会編『鳥取県まちなみ整備コンテスト助成事業・まちづくりリポート』（二〇〇一年）

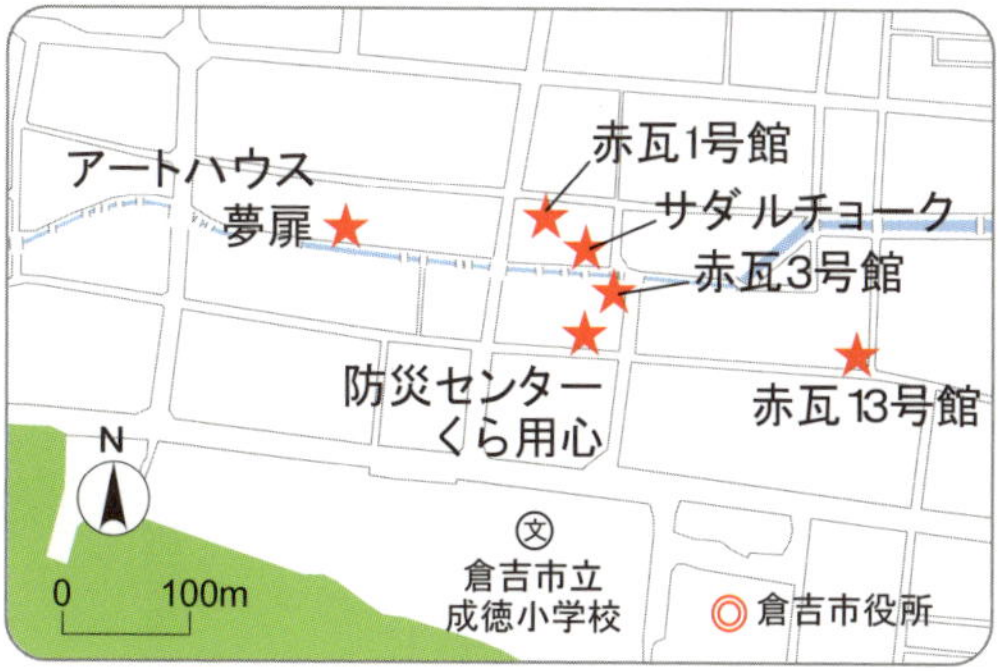

米子市の中心市街地（鳥取県米子市）

【明治期等の蔵等→商業施設、コミュニティ施設等】

中心市街地におけるリノベーションの一例（夢蔵）

米子市中心市街地の歴史と景観

鳥取県米子市は人口約一五万人で、山陰のほぼ中央に位置する。関ヶ原の戦いののち、中村一忠《かずただ》が湊山《みなとやま》に山陰初の五重の天守閣を新たに完成させるとともに、伯耆《＊ほうき》の旧城下から町人を移住させて城下町を整備したことが今日の中心市街地の基礎となっている。城を中心に北から東にL字形に内堀が掘られ、外堀には城下町の北側を流れる旧加茂川の一部が活用されている。内堀と外堀によって区画された外堀の内側を侍町、外堀の外側を町人町とする町割りが行われた。この町人町は、一五九〇年代半ばから町人に開放された米子港が北前船の寄港地として栄えたこと、出雲、備中、因幡への交通の分岐点であったことから、商業が盛んに行われた。町人町は

＊伯耆：かつて日本の行政区分であった令制国の一つで鳥取県中西部の地域。

旧加茂川沿いの景観

間口が狭く、奥行きのある短冊型の地割りが多く見られる。
現在では外堀、内堀ともに埋め立てられたところも多いが、旧加茂川と川岸に建ち並ぶ白壁土蔵が、江戸時代に商港として栄えた当時の面影を残している。かつて米子港に陸揚げされたさまざまな物資は小型の荷舟に移され、旧加茂川をさかのぼって町人町に運び込まれていた。間口の狭い建物の商店が並び、その入口に橋が架かる旧加茂川上流の風景は現在まで続いている。

商店街の衰退と米子方式のまちづくり

一九八〇年代に、それまで賑わいを見せていた商店街は、閉ざされたシャッターとアーケードで覆われた薄暗い商店街となっていった。そしてこうしたシャッター商店街は全国で見られるようになった。米子市でも賑やかであった全長約八〇〇メートルの商店街は空き店舗が増加した。一方で近年では、古着屋、輸入雑貨、ライブハウスなど若者をターゲットにした店舗などが新たに参入している。特筆すべきは、これらの店を営む人の多くが若者だということである。衰退する商店街の中で、新たに若者が参入する傾向は現在まで続いている。

また米子市では、市街地を活性化させることを目的とする米子市中心市街地活性化基本計画が、平成二一年（二〇〇九）に国の認定を受けている。この基本計画では、比較的規模の小さい事業が数多く計画され、それらが連鎖的にスピード感を持って実施につながっていることが特徴となっている。また中心市街地活性化協議会*の参加者が、経済団体や商業者のほか、福祉団体や交通事業者、まちづくり団体、行政機関など多岐にわたっている点も特徴である。小規模多数の事業が多様な業種の立場で運営されるまちづくりの方式は、米子方式として全国的にも知られている。

米子方式によるリノベーションとまちの共有スペースの創出

中心市街地活性化基本計画の策定以降に、七つのまちづくり会社などが設立されている。これらは事業ごと、あるいは商店街ごとの共同出資会社の形式をとっている。各まちづくり会社は少ない出資で事業をスタートさせるため、商店街に残る多様な既存の建物をリノベーションすることによって活用している。リノベーションの対象となる既存建物は、城下町以来の住宅や蔵、商店街の店舗など多岐にわたっている。リノベーション後の空間構成を見てみると、誰でも利用することのできる多目的スペースや若者を支援するインキュベーションスペース（新規開業者向け貸店舗）が増えている。これは各まちづくり会社な

＊**中心市街地活性化協議会**：ＮＰＯ法人まちなかこもんず（中心市街地整備推進機構）と米子商工会議所が設立発起人となり、事務局を米子商工会議所に置き、平成19年（2007）12月に米子市中心市街地活性化協議会が設立された。

夢蔵の２階内観

どが、経済産業省の補助金を活用することによって生み出されてきたものである。このような制度の活用は全国に見られるが、それがわずか数年の間に七つものまちづくり会社などが設立された事例は珍しい。その他、ＮＰＯ法人などによる自主的なものも含めて、まちの共有スペースが増えている。以下ではまちの共有スペースを新たに付加したリノベーション事例を紹介する。

夢蔵

平成一二年（二〇〇〇）の鳥取県西部地震で被災した旧加茂川沿いの白壁土蔵を取り壊す計画が、平成一六年に持ち上がっていた。そこで鳥取県建築士会や米子商工会議所青年部の有志が中心となり、白壁土蔵を地域のまちづくり拠点へと修復、再生しようと夢蔵プロジェクトを開始した。それから四年間、地域住民との共同作業、情報交換を通して工事が進み、平成二〇年に修復作業が終了した。瓦がずれて一部穴が開いていた屋根は全面葺き替えられ、漆喰がはがれ落ちた箇所が多かった外壁東側の土壁は、なまこ壁へと修復された。また梁の一部が歪み雨漏りによって腐っていた内部も修復された。ここを拠点とするＮＰＯ法人となった夢蔵プロジェクトの活動は、蔵の修復活動にとどまらず、各種イベントや地域の祭りの計画、運営など、地域に密着したまちづくり活動へとその範囲が広がっている。そして夢蔵は地域に開かれた多目的な空間としての役割を担っている。

夢蔵

第五回鳥取県地域づくり大賞（奨励賞）、建築士会連合会第六まちづくり賞（奨励賞）など多数受賞
〈所在地〉鳥取県米子市尾高町六番地　〈構造・階数〉木造二階建て
〈延床面積〉六二平方メートル
〈改修年〉平成一七年〜二〇年（二〇〇五〜〇八）
〈管理・運営〉ＮＰＯ法人夢蔵プロジェクト

▲善五郎蔵

◀善五郎蔵の屋外通路

善五郎蔵

かつて米子城の外堀に面していた築一二〇年の三連蔵と呼ばれる白壁土蔵を修復し、飲食店やセレクトショップ、地元クリエーターのための表現スペース、多目的スペースで構成する複合商業施設として再活用している。内部は木材の温かな印象を生かすように改装し、外観は前面にあった駐車場を撤去することで、三連蔵としての趣を取り戻している。前面道路の裏側に位置する屋外通路から高床の室内につながる入口は、蔵の扉をそのまま利用しており、薄暗い蔵の中に入る

笑い庵壱号館のカフェ

笑い庵壱号館

感覚が強調されている。

善五郎蔵 平成二二年度平成の米子市都市景観施設賞受賞
〈所在地〉鳥取県米子市法勝寺町二二番地
〈構造・階数〉木造二階建て 〈延床面積〉二〇〇平方メートル
〈改修年〉平成二二年（二〇一〇）
〈管理・運営〉株式会社法勝寺町（まちづくり会社）

地域交流センター笑い庵

平成一一年（一九九九）、衰退していく商店街を盛り上げるために、築一五〇年の古民家を地域のコミュニティーの場として改修し、再活用が始まった。さらに平成二二年に、従来の観光休憩案内所や地域交流の拠点としての役割を強化し、それらに加えて若手企業家のためのインキュベーションスペースや物販店、飲食店で構成される複合施設に改修した。

地域交流センター笑い庵
〈所在地〉鳥取県米子市西倉吉町五七番地
〈構造・階数〉木造二階建て 〈延床面積〉四〇二平方メートル
〈改修年〉平成二二年（二〇一〇）
〈管理・運営〉株式会社笑い庵（まちづくり会社）

ＳＫＹビル

郊外に移転した書店を活用した複合商業施設である。一階から三階まではセレクトショップやシェアオフィス、四階には料理や英会話教室などが開かれる多目的スペースや、誰でも自由に使える屋上の公園スペースが設けられている。「楽しいこと、好き?」をテーマに、まちを元気にすることを目指している。建物は本通り商店街と旧加茂川の間の細い短冊状の敷地に建つ。旧加茂川沿いの外壁は白色の塗装で、本通り商店街側の外壁は改装前の石材が残されている。また入口も旧加茂川沿いと本通り商店街両側にあり、それぞれ異なった用途のテナントが入っている。内部ではエレベーターや階段、床の仕上げは改修前の姿を残し、旧材を生かした空間となっている。四階の無料で開放されるスペース「スカイ公園」では、日常的に高校生が勉強する姿や楽しく会話する姿を見かける。時にはスカイ公園の隣にある貸しキッチンを備えるスペースで、まちづくりに関するイベントが行われるなど、市民によって多目的に活用されている。

SKYビル

ＳＫＹビル
〈所在地〉鳥取県米子市四日市町八六番地
〈構造・階数〉鉄骨造四階建て〈延床面積〉七八五平方メートル
〈改修年〉平成二二年（二〇一〇）
〈管理・運営〉株式会社ＳＫＹ（まちづくり会社）

ダラズ・クリエイト・ボックスのカフェ
左奥は FM スタジオ「DARAZ FM」

ダラズ・クリエイト・ボックス

ダラズ・クリエイト・ボックス

商店街の旧地銀支店を再活用した、地域ＦＭ放送局、インキュベーションスペース、イベントスペース、地域ブランド研究所、カフェなどで構成する複合施設である。米子の気風や文化の発信と、観光客と市民、若者が交流する場所となることを目指している。平成二二年（二〇一〇）の改修では、設備更新と内部の改装を中心としている。角地に立地する銀行としての外観はそのまま生かされ、前面にあった商店街のアーケードの撤去により、シンボリックな姿はさらに強調されている。天井の高い大空間の魅力を損なわず、複数のテナントを収容するために、必要最低限の間仕切り壁を設けて対応している。カフェ部分の内装の施工に地元の学生が関わっていることも特徴である。

ダラズ・クリエイト・ボックス
〈所在地〉鳥取県米子市法勝寺町七〇番地
〈構造・階数〉鉄筋コンクリート造二階建て、地下一階、塔屋
〈延床面積〉六九二平方メートル〈改修年〉平成二二年（二〇一〇）
〈管理・運営〉株式会社ＤＡＲＡＺ（まちづくり会社）

Qビルのカフェレストラン「ドドド」

旧加茂川沿いからみるQビル

次に、そのほかに数多く存在する民間会社が行う事業のうち、旧加茂川沿いの建築のリノベーション事例について紹介する。

Qビル

昭和二七年（一九五二）に建てられた銀行をカフェレストラン、美容室からなる複合商業施設に改修したビルである。外観は銀行としての面影を残している一方で、内部は木材を基調として大きく変更されている。天井の高い内部空間をもつカフェレストランは、中央の吹き抜けを中心に、客席が回廊式のスキップフロア*で構成されており、上下のつながりが感じられる。そのため客席は明るさや天井高、床レベルなど変化に富み、一般にイメージされる重厚感のある銀行の内部空間とは異なっている。

Qビル
〈所在地〉鳥取県米子市四日市町八〇番地
〈構造・階数〉鉄筋コンクリート造一階建て一部二階建て
〈延床面積〉約四五〇平方メートル
〈改修年〉平成一七年（二〇〇五）〈管理・運営〉株式会社ＲＩＳＫ

＊**スキップフロア**：半階分ずつずれながら連続する建物床の構成。変化に富んだ空間となり、広く見せる効果も持つ。

2階の茶室をリノベーションしたショップ

旧加茂川沿いのザパーク入口

ザパーク　THE PARK

明治一〇年代に建てられたとされる呉服店と住宅を、飲食店などの複合商業施設に改修した事例である。細長い敷地には本通りに面して店を構えていた主屋《おもや》があり、台所、便所が延びて中庭を囲む。加茂川に面して土蔵および裏座敷が建っていた。かつての呉服店は著名な漫画家で妖怪研究家水木しげるの祖母の生家でもある。

改修の際には使われず朽ち果てていた蔵は取り壊し、主屋は梁などの構造体をそのままに店舗として活用している。また、敷地の背後を流れる旧加茂川に開けた公園のようなオープンスペースを設けている。主屋の間取りは二列型奥行き三室で、中の間部分が吹き抜けとなっている。中の間上部は縦横に太い梁が組まれ、その上に規則的に束が立ち上がり、屋根を支える母屋《*もや》を受けている。また束を固める貫《ぬき》も縦横、上下に規則的に通っている。改修時には、イカ釣り漁船のように裸電球で照らし出すことによってしっかりとした架構を引き立たせている。天井を網代《*あじろ》天井にする

＊**母屋**：屋根の部材の一部で、屋根の最も高いところにある棟木と平行して配され、軒桁との間で垂木を支える部材。
＊**網代天井**：網代とは杉やヒノキの薄板などを編んだもので、網代を用いた天井を網代天井という。

ザパーク2階のショップ

ザパークのカフェ

ザパーク、中の間部分の吹抜け

など手の込んだ造作が見られる二階の茶室は、内装はそのままに什器のみが新たに設けられている。飲食店部分では天井高を確保するために床の座を取り、天井の一部を張り替えている。鴨居や土壁のはがれなどはそのまま残されており、当時の生活が感じられる。改修の際に新たに加えた素材は、黒皮鉄板、ガラス、ステンレス、シナベニア、ミラーのみである。これは手を加える箇所を必要最低限にとどめて、元の空間の魅力を引き立てることを優先させた設計者の配慮である。

ザパーク
平成二二年度（二〇一〇）平成の米子市都市景観施設賞受賞
〈所在地〉鳥取県米子市東倉吉町五六番地
〈構造・階数〉木造二階建て
〈改修年〉平成一九年（二〇〇七）
〈管理・運営〉有限会社ＴＨＩＮＫ＆ＣＯ

旧加茂川沿いからみる厨

厨《くりや》

江戸時代に建てられたとされる切妻平入りの木造二階建て（一部三階）の民家を、平成一九年（二〇〇七）に改修した飲食店である。敷地の横を流れる旧加茂川や石垣などの周辺の雰囲気を生かし、外観はほとんど変更されていない。旧加茂川に向けて設けられていた縁側は、壁一面の大きなガラスで囲み内部化されている。また、前面の通りからガラス面越しに厨房のようすを垣間見ることができる。内部は構造体をそのまま残し、新しく間仕切りを設け、極力ガラスやステンレスを使用し、従来の魅力の邪魔にならないように配慮されている。また、照明効果など現代的なデザイン手法も取り入れている。

厨　平成二三年度（二〇一一）平成の米子市都市景観施設賞受賞
〈所在地〉鳥取県米子市尾高町一番地　〈構造・階数〉木造二階建て
〈改修年〉平成一九年（二〇〇七）　〈管理・運営〉門脇重道

個々のリノベーション事例をつなげる取り組みの必要性

以上に挙げたリノベーションの事例は、半径約五〇〇メートルのエリア内で行われたものである。大規模な再開発に比べ、既存建物のリノベーションを前提とした小規模な開発の連続は、近世以来の町割りを残すことにもつながっている。多くのリノベーションの事例は旧加茂川沿いに位置し、川を景観要素の一つとして取り込んでいる。また、それぞれが地域に対する考えと小さなまちの共有スペースを有している。さらにこのエリア周辺では、ほかにも米子市公会堂のリノベーションや米子市立図書館、美術館のリニューアルが進んでいる。米子の都市構造の特徴や次代に生かすべき文化的特徴などを踏まえ、それらの事業で共有できる大きなコンセプトと、それに向けて個々の事業やまちの共有スペースを結びつけるハード、ソフト両面の取り組みがより一層期待される。（小椋弘佳、熊谷昌彦）

〔参考文献〕

米子市史編さん協議会編『新修米子市史第四巻　通史編現代』（米子市、二〇〇八年）

よなご・かえるプロジェクトチーム編『よなご・かえる通信一〜四』（米子市中心市街地活性化協議会、二〇〇九〜一二）

五臓圓《ごぞうえん》ビル

（鳥取県鳥取市）

【昭和戦前の店舗併用住宅→商業施設、ギャラリー等】

改修後の五臓圓ビル（平成23年）

五臓圓ビルの建物概要と再生の意味

藩政時代から昭和四〇年代にかけて鳥取で最も賑やかな繁華街の一つだった智頭《ちず》街道二階町角の交差点に、昭和六年（一九三一）に個人所有で初めての鉄筋コンクリート造の建物がお目見えした。それが五臓圓ビルである。地階から三階に塔屋まで付いて、建設当初の延床面積は三六三平方メートルの店舗併用住宅（薬局）であった。

外壁は二丁掛け*スクラッチタイル*張り、腰壁は花崗岩張り、壁面上部のパラペット外壁にはベンガラ入りの人造石洗い出し*の鍔《つば》が蛇腹に二本、長めに三本あり、計五本が横に張

* **二丁掛けタイル**：レンガの長手面と同じサイズ（22.7㎝×6㎝）のタイル。
* **スクラッチタイル**：タイルの表面をくし引きして平行の溝を作り、それを焼成した粘土タイル。
* **人造石洗い出し**：次ページ。

鳥取大火後に焼け残った五臓圓ビル（昭和27年）

完成当時の五臓圓ビル（昭和6年）

り出すデザインで、モダンなルネサンス風の贅沢な建物である。設計、施工は昭和四年（一九二九）に着工された鳥取県立図書館（設計置塩《おしお》章《あきら》）の施工者の新《あたらし》工務所である。

　ところで、賑やかだった智頭街道商店街の中心部に昭和六年（一九三一）竣工の「五臓圓ビル」は単にその古さ、デザイン以上に大変重要な記憶をとどめるモニュメントとしての意味がある。昭和一八年九月の鳥取大震災、昭和二七年四月の鳥取大火と、二度に及ぶ大災害を乗り越えた鳥取のシンボル的な建物として多くの人の記憶に残り、そして子や孫に二つの大災害に残った建物だと語り継がれて、鳥取では知らない人はいないと言っても過言ではない。事実、筆者も何度か「五臓圓の建物は鳥取大震災にも残り、鳥取大火の時も焼け残った」と親から聞かされた。

　昭和二七年の大火直後の調査で、京都大学棚橋教授の「躯体強度の問題なし」の判定結果で残されてきた。しか

＊**人造石洗い出し**：種石とセメント、石灰を混練りしたものを塗りつけ、その表面を水洗いすることによって、均質な工業材料にない天然石のような豊かな表情を作り出す工法。

五臓圓ビルの改修前（平成21年）

しその後四〇年以上の経年変化で、平成九年（一九九七）、外壁の一部が欠け落ちるなど老朽化が顕著になり、安全を確保するため急きょ修復工事が行われ、当初あった蛇腹文様の鍔部分が取り除かれた。この建物の老朽化の進行を懸念し、解体の話が持ち上がったが、商店街役員会で五臓圓ビルを再生させて街の活性化につなげようと、平成二一年に「五臓圓ビルを保存活用する会」が地元有志一六人で立ち上げられた。その背景には、平成一九年に鳥取市中心市街地活性化基本計画が国の認可を受け、その中で智頭街道が「二核二軸構想」の一本の軸として盛り込まれていたことがある。平成一九年に新しく智頭街道商店街振興組合理事長に就任した常村護氏を中心に、平成二〇年智頭街道商店街環境整備検討委員会が発足したことも立ち上げを後押しした。議論を重ねるうちに、「五臓圓ビル」の象徴性、お宝という認識が強まり、耐震調査などの結果から保存再生の確証を得て保存活用へと動き出した。建物所有者の森下章氏も家族会議などで、老朽化のため取り壊しを決める寸前だったが、常村氏たちの熱い思いに共感し、取り壊しをやめて保存する方向に変わっていったのである。「五臓圓ビルを保存活用する会」は募金活動を開始し、中心市街地活性化協議会と連携して、ビルの一般公開「内覧会」、「まちなかナイトカフェ・イン五臓圓ビル」など、保存活用に向けての活動を平成二一年から二二年にかけて行った。活動途中の平成二二年には、五臓圓ビルは国の有形文化財（建造物）に登録され、五臓圓ビル再生プロジェクト事業を実施する事業主体として「街づくり株式会社いちろく」が、常村護氏を代表取締役として発足した。そして平成二三年（二〇一一）三月に五臓圓ビルはリニューアルオープンし、智頭街道商店街振興の拠点施設として、保存活用が図られることになった。

五臓圓の歴史とモダンな建物意匠

五臓圓ビルを建設し、所有してきた森下家は鳥取藩の時代より、代々「石見屋」の屋号で＊生薬《しょうやく》などの商いを営んできた老舗の薬屋で、現在の当主は七代目の森下章氏である。初代のころビル名の由来となった「三心五臓圓」という滋養強壮の薬を僧より伝授されたと伝えられており、＊家伝薬として各種生薬を含めて現在まで代々扱ってきている。日露戦争後は家庭用医薬を扱い、さらに大正時代には西洋医薬も卸小売りする薬種商として栄えてきた。

明治三〇年（一八九七）生まれの五代目秀隆は、先代（四代目清治）のかねてからの願

＊生薬：天然に存在する薬効を持つ植物などから、有効成分を精製することなく体質の改善を目的として用いる薬の総称。
＊家伝薬：その家に代々伝えられた妙薬のこと。

いである西洋館建設の夢を実現させるチャンスを捉えた。それが昭和四年（一九二九）同じ智頭街道の西町に着工したモダンな洋風建築、鳥取県立図書館の出現であった。五臓圓ビルは、鳥取県立図書館と同じ施工会社である新工務所（大阪市北区、代表の新定蔵は鳥取県東伯郡八橋出身）に設計施工を発注して、昭和六年に完成した。当時、鳥取市に鉄筋コンクリート造の建物は共立銀行、鳥取市庁舎（鉄筋ブロック造）、鳥取県立図書館の三件しかなく、四番目に古いこの五臓圓ビルが鳥取市に現存する最古の建物となっている。

様式はルネサンス風の近世復興式*といわれるデザイン様式で、この洋風建築は当時の街並みの中では際立つ、大変モダンな建物であった。陸屋根《ろくやね》*三階建てで、外壁は当時流行のスクラッチタイル張り、パラペットの曲線コーナー部には三本と二本の蛇腹の鍔を施し、開口部は縦長窓である。かつてはコーナーの嵌《は》め殺し窓はステンドグラス、店内はイタリア産大理石、建具はチーク材、住宅部分は尾州ヒノキ柾目《まさめ》を使うなど、贅《ぜい》を尽くした建築であったことがうかがえる。

また、階段の透かし彫りの鋳鉄金物は「三心五臓圓」と「森下」の文字を図案化した、とてもおしゃれな図柄である。レリーフの図柄、レリーフの埋め込まれた階段の手すり腰壁の曲線のデザインなども一九世紀末から二〇世紀初頭に

「森下」をデザインしたレリーフ

* **近世復興式**：明治から昭和初期に建てられた中世西洋的要素を持つ洋風建築の様式で、ネオ・ルネサンスとも呼ばれる。
* **陸屋根**：傾斜のない平面状の屋根。

３階ソーダファウンテン食堂部（喫茶）

改修工事で現出した建設当初の床のモザイク紋様

ヨーロッパで起きていたアールヌーボー、[*]アーツアンドクラフツ[*]運動の影響を受けたと考えられるデザインである。また、保存のための改修工事で、建設当初のまるで絨毯のような紋様にデザインされた床のモザイクタイルが現出された。そのよく残っていた一部は、平成二三年（二〇一一）の改修工事で床にハードなアクリル製床窓を四か所はめ込んで、見られるように工夫された。床から高い天井までの西洋風にデザインされた豊かな空間は、当時の職人の高い技能に支えられて仕上げられている。

地下室は倉庫、一階は店舗と住居、二階は住居、三階は従業員宿舎の予定であったが、あまりの立派さに三階はソーダファウンテン食堂部（喫茶）とレストランに設計変更し、神戸オリエンタルホテルからコックを呼び寄せて、鳥取市内最高級の洋風レストランになった。一階は薬局でその奥と二階が住居となっており、住宅専用の階段でつながっていた。一階から三階のソーダファウンテンまでは、住居部分とは別に専用の階段で直接上がるようになっていた。この三階の喫茶とレストランがあまりの評判で店は

＊**アールヌーボー**：19世紀末から20世紀にかけて、欧州を中心として展開された芸術の潮流で、花や植物などの有機的なモチーフの装飾が特徴。
＊**アーツアンドクラフツ**：19世紀に英国で展開された芸術の潮流で、中世の手仕事によるデザインを再評価し、生活と芸術の統一を主張した。

繁盛した。三階のベランダ部分には昭和六年（一九三一）竣工後の半年で、レストランの増築が木造で行われ、鳥取大震災にもびくともせず、昭和一九年まで営業が続けられていた。戦後は喫茶、レストランの営業はなくなったが、昭和二七年に鳥取大火の災害を受けたのちも復旧が図られた。おしゃれでモダンな建築意匠の遺構は再生の力を生み出し、現在まで存命する建物の記憶の力を遺憾なく発揮させて、今日の保存活用運動につながる大きな原動力の一つとなった。

五臓圓ビル保存活用事業と街づくり株式会社いちろく

平成二一年（二〇〇九）に立ち上げた「五臓圓ビルを保存活用する会」では、まず老朽化で耐力のなくなった五臓圓ビルを補強、改修し、もともとのレトロでモダンな集客施設としてよみがえらせるプロジェクトが志向された。筆者も所属する「とっとり建築集団」のメンバーはかねてからこの建物に注目しており、木谷清人氏（鳥取市歴史博物館館長）により建物の歴史的な背景などの調査研究がすでになされていた。

そしてこのプロジェクトの実施に先立って、平成二一年に同集団の本間和夫代表、木下正昭副代表らによって再度、実測調査、強度試験などが行われ、五臓圓ビルの改修に向けての協議がスタートした。

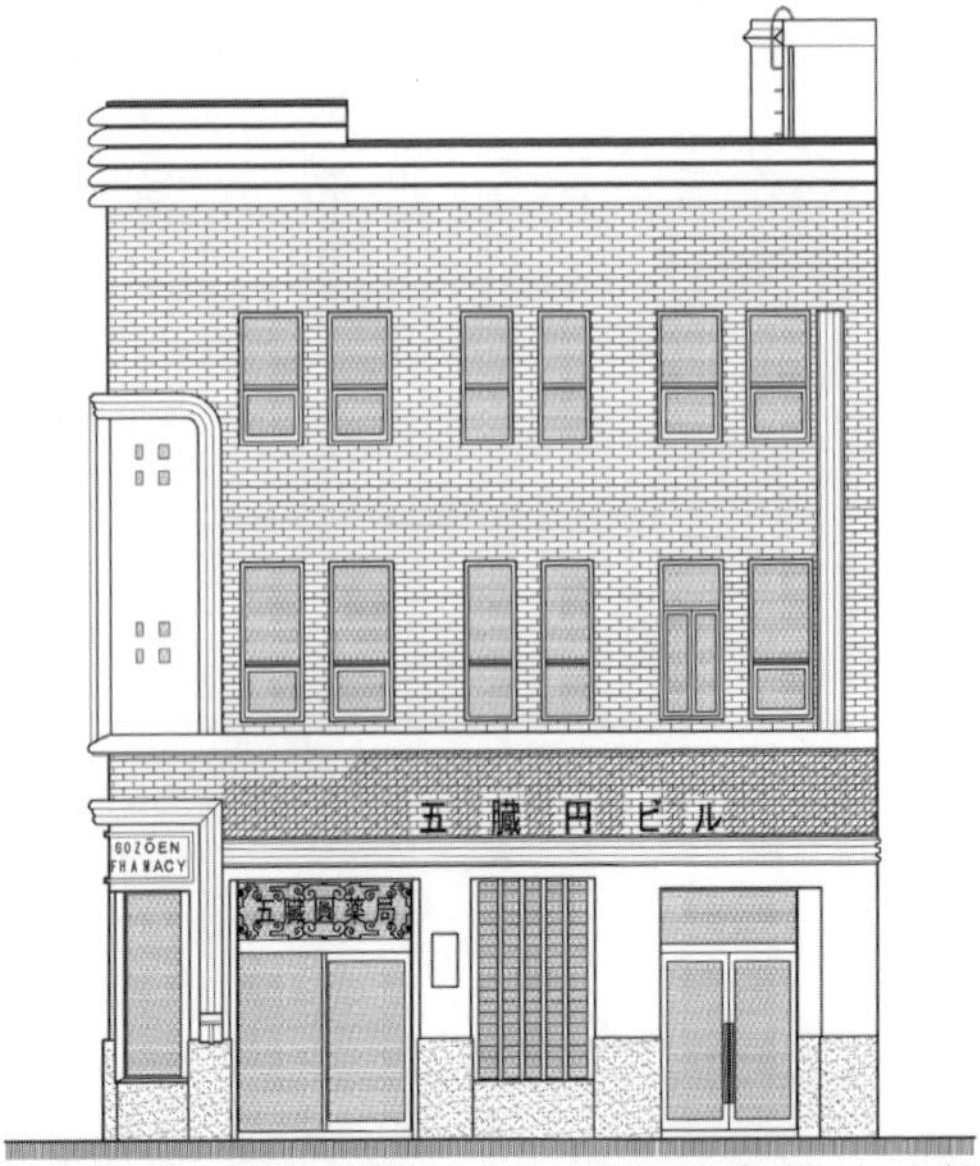

改修後の北立面図。外壁のスクラッチタイルやパラペット部の蛇腹などにより建設当時のファサードの趣を再現している

改修に当たっては、鳥取県、鳥取市の文化財担当者とも協議し、国の有形文化財（建造物）の登録を目指して、文化庁の指導に沿って次のような改修方針で実施することとなった。建設当初の姿を基本にするため、①外部開口部については建築当初のイメージに近い配色とする。②現状の壁面撤去を伴う外壁スクラッチタイルは、オリジナルと同仕様の特注スクラッチタイルとして建設当初の姿に復元する。③失われたパラペット＊の蛇腹を復元する。④今後整備活用が可能なように、耐震性を確保するとともに劣化原因となっている漏水対策を実施する。

また、鳥取市で平成一九年（二〇〇七）に策定された中心市街地活性化基本計画の中に、前述したように若桜《わかさ》街道と智頭街道の二モールを基軸とした商業活性化を進めることが盛

＊**パラペット**：屋上などに設けられた低い手すり壁で、建物の先端を保護するためのもの。

り込まれており、計画を進めることとなった。智頭街道商店街では、画材店、画廊やギャラリー、楽器販売、文房具店などアート系や文化系業種が多く、絵画、木工教室、ピアノやエレクトーン、料理や菓子などのカルチャー教室が多いという地域特性に、常村氏らは注目した。その地域特性を生かした恒常的な活性化を図る「文化と芸術あふれる商業エリアの構築」という方向性を打ち出し、上位計画である鳥取市の中心市街地活性化基本計画との整合性を図ることが念頭に置かれた。このエリアのシンボルである五臓圓ビルと近隣空き店舗をアート系カルチャー教室に整備し、憩いの場を提供する飲食系業種の誘導を図り、エリアの滞留性や来街動機の創出を図る「文化と芸術あふれる商業エリア」とすることが商店街の目標とされた。

そのためには、拠点となる五臓圓ビルの保存活用が必用不可欠であった。智頭街道商店街では「とっとり建築集団」の木下正昭氏などと協議して、文化庁の指導方針に沿った外部改修、耐震改修、一、二階店舗改修、三階事務所改修を行い、特に五臓圓ビルの象徴的な外壁デザインの五段蛇腹文様、スクラッチタイルを復元する方向で事業を進めることとした。

五臓圓ビルを活性化交流と情報発信の拠点とするため、事業主体として平成二二年（二〇一〇）に、組合員有志を中心に「街づくり株式会社いちろく」が設立された。「いちろく」

県民カレッジでの常村氏の講演会（2階ギャラリー）

はなの絵手紙展示即売会（同）

クリスマスコンサート（同）

は智頭街道で一と六の付く日に市が開かれ大勢の人で賑わっていたことから、往時の賑わいを取り戻したいとの願いが込められて名づけられた。街づくり株式会社いちろくは五臓圓ビル保存活用事業のために経済産業省の戦略補助金を活用して五臓圓ビルを取得し、改修を行って、現在、地域の交流拠点としての運営が始まったところである。この事業は、経済産業省、鳥取県、鳥取市など合わせて約五五〇〇万円の補助金以外に、森下氏からの建設協力金や募金活動による寄付金などを募って実施することができた。平成二二年（二〇一〇）七月に改修工事に着手した五臓圓ビルは、翌年三月にリニューアルオープンし、地域関係者だけでなく鳥取大学の学生、若手アーティストなどを呼んで、文化、芸術あふれるさまざまなイベントを実施し、賑わいの創出に取り組んでいる。これらのイベントは二階の交流スペースのギャラリーを中心に行われている。

五臓圓ビル保存活用の今後

智頭街道商店街では、「文化と芸術あふれる商業エリア」の活性化交流と情報発信の拠点として五臓圓ビルを位置づけ、活性化の取り組みをスタートさせたが、まだ端緒に着いたばかりで、これからさらに工夫を重ね、賑わい復活の取り組みを展開させたいところである。街づくり会社の株式会社いちろくでは、専従の運営プロデューサーを誘致し、さまざまなイベントを企画していく予定を立てている。

カフェ喫茶 paume（創設時のカップが置かれたコーナー）

一階は従来からの五臓圓薬局が改装され、七代目の森下氏が営業しているが、一階に作られた交流スペースでは、森下氏も「紅茶の会」などの講師として定期的に漢方薬膳学の話をする機会がある。接客のスペースも広くなり、五臓圓ビルの関係資料も設置されている。

二階にオープンしたカフェ paume（ポーム）では、手間をかけて作った野菜たっぷりのヘルシーなランチ、手作りケーキなどがオリジナルブレンドのコーヒーや紅茶とともに用意されている。また、イベントのないときも五臓圓ビルのグッズ販売が行われ、イベント案内のチラシなどがカフェpaume前の交流スペースに並べられている。なお、三階は鳥取大学が運営する「まちなか工房＆キャンパス」で、イベント時には会場として提供されている。

「鳥取県出身のアーティストたちの発表の場として五臓圓ビルを自由に使ってもらいたい」と常村氏は語っている。そのような利用により、「文化と芸術あふれる商業エリア」となっていくことが今後の目標である。

かつて鳥取に最先端の流行や味を提供してくれた五臓圓ビルの思い出を語る高齢者も多く、鳥取の新しい文化発信基地が再度生まれることが期待されている。

新しい情報ツールであるインターネットのウェブサイト、ブログ、フェイスブックなどもすでに利用されているが、さらなる活用を工夫して、新たな「文化と芸術あふれる商業エリア」として再生させていきたいものである。

五臓圓ビルの保存活用が、まちの元気を呼び起こす契機となったことは大変大きな成果である。商店街関係者は、若者が大勢集まってくれることはとても喜ばしいこととして、文化、芸術の匂いのするイベントを大いに歓迎している。これからも文化芸術の発信を続けることで、文化芸術の香り漂う人や店舗が集まってくるようなまちづくりを進めていきたいと望んでいる。

今後、五臓圓ビルの保存活用が智頭街道商店街を超えて、多くの市民のまちづくりへの想いを刺激させ、若者たちの個性的なアイデアを取り入れ、鳥取市中心商店街全体に元気を取り戻す活動につながり、街中での地域生活文化の再生がなされていくことが期待されている。（澤田廉路）

五臓圓ビル

国登録有形文化財（平成二二年（二〇一〇））
〈所在地〉鳥取県鳥取市二階町二丁目二〇七番地
〈構造・階数〉鉄筋コンクリート造地上三階地下一階建て
〈延床面積〉三六三平方メートル
〈建築年〉昭和六年（一九三一）
〈設計者〉新工務所
〈改修年〉平成二三年（二〇一一）
〈改修設計者〉有限会社木下建築研究所
〈現在の所有者〉街づくり株式会社いちろく

〔参考文献〕

朝日新聞鳥取支局編『鳥取建築ノート』（富士書店、一九九一年）

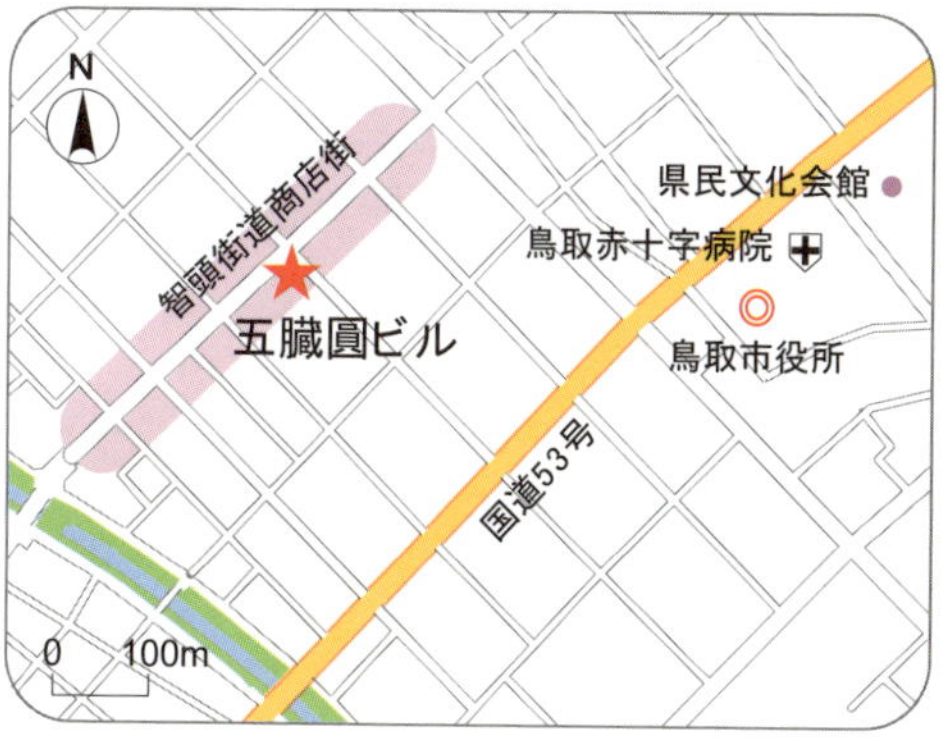

〔コラム〕再生を待つ米子市公会堂（鳥取県米子市）

米子市公会堂の南側側面

米子市公会堂と村野藤吾

米子市を通る主要道路である山陰道と出雲街道*の交点に位置し、市街地の中心にある米子市公会堂は、昭和三三年（一九五八）に市制三〇周年の記念事業として建設された。公会堂の設計に当たった村野藤吾*は、近代日本を代表する建築家であり、その生涯で三〇〇件もの設計を手掛けており、広島世界平和記念聖堂などが代表作として挙げられる。その記念聖堂を当時、「設計が終わったからといって、このままが私の設計ではありません。一〇年先が私の設計です」と言って渡している。この意図は米子市公会堂にも連なっており、市民の文化資産として市民の募金活動の下、建設され、文化活動の拠点として使用し続けることを期待していると思われる。配置計画を見ると、道路面に市

＊**出雲街道**：古代に出雲と畿内を結ぶ道として整備された。古代には鉄が運ばれ、近世には参勤交代や出雲大社への参拝の道として使われた。

＊**村野藤吾**：ヒストリア宇部を参照。

米子市公会堂入口と前庭

辻晋堂氏の彫刻が設置された庭

民の広場である公園が配置され、ホワイエ（ロビー）の窓面が公園に開かれて、市民が気軽に活動できる場を提供している。そして庭には地元出身の芸術家である*辻晋堂《つじしんどう》氏の彫刻が設置され、当時、建築と芸術の融合や内と外とのつながりを大切にしようとした意図がみえる。玄関は大げさにせず謙虚さが感じられ、どこからでも出入り自由な雰囲気を醸し出している。

公会堂のデザインは、村野が設計の前年に南米を訪れた際に見た、ブラジルの教会堂のイメージと、グランドピアノのイメージの二つをモチーフにしたといわれている。グランドピアノの繊細な足が大きなピアノ本体を軽やかに支えるように、公会堂の舞台と扇型に広がりながら上方にせり上がる客席、これらから成る大空間の骨格がそのまま外観に表現されている。その外壁面は地元特産の暗褐色の塩焼きタイルで、強いフォルムに落ち着いた風情を与えている。

また、外部から内部へ、そしてホワイエから客席に至るつなぎの空間に相当する廊下、階段、ロビー、扉、窓、照明器具などに

＊**辻晋堂**：明治43年（1910）鳥取県生まれの彫刻家。昭和33年（1958）ベネチアのビエンナーレ展に出品し、国際的な評価を得た。昭和56年（1981）没。

ホワイエ

舞台からみる大ホール

繊細な工夫がなされており、コンクリートの荒々しい肌触りを優雅で流麗なしっとりとした連続的空間に仕上げている。また、柱や扉から階段の手すりそして便所の扉のノブに至るまで角が取られ、見えがかり*縁を切り、手触りが心持ちしっくりする感覚を大切にしている。誰にも気づかれない見えない部分を大切にする考えが貫かれている建築ともいえる。

昭和五五年（一九八〇）には、再び村野の設計により音響や照明設備の改善を目的とした改修工事が行われており、築後五〇年を経過した二〇〇〇年代後半においても、演奏会などを中心に利用が続けられている。また、米子市民のおよそ八割の人が米子市公会堂の大ホールを一度は使用したことがあるという調査結果からも、米子市の中心部における「文化の殿堂」としての役割を果たし続けていることがうかがい知れる。この市民による利用頻度の高さなどが評価され、平成一〇年（一九九八）には地域に根差す優れた建築を選定した「公共建築一〇〇選」に鳥取県で唯一選ばれている。

＊**見えがかり**：目に見える部分。

市民の公会堂の再生

平成二一年度（二〇〇九）の耐震診断の結果として、米子市公会堂の大ホールおよび楽屋棟が大地震によって倒壊する可能性のあることが明らかにされた。この結果を受けて、議会は平成二二年四月をもって公会堂の使用禁止を決定。これを機に公会堂の存廃論争が起こり、築後五〇年を経てなお現役で活躍していた米子市公会堂は、一転して解体の危機にさらされた。現公会堂の危機を知った日本建築学会中国支部と公会堂の存続を求めて発足した市民会議は、それぞれ公会堂の利用継続を求める運動を開始した。日本建築学会中国支部は、平成二二年五月に公会堂の有する歴史と文化的価値の高さを理由に、存続を求める嘆願書を提出。市民会議は同年五月に発足するとすぐさま署名活動を開始し、同年七月に四万人を超える署名を伴う陳情書を議会に提出している。

これらの使用存続に対する意思が尊重され、平成二二年一一月、市長によって継続使用の意向が表明されるに至り、公会堂は再び市民の力によってよみがえることとなった。

米子市公会堂の継続使用を可能とするため、平成二三年より耐震補強と大規模改修工事計画が進められている。改修工事の基本方針は、村野藤吾の設計思想、公会堂創建の背景を尊重し、次代の「市民の公会堂」としてふさわしい意匠性、機能性、安全性を備えることとしている。改修工事の内容は、耐震補強、屋根の撤去と新設、老朽化対策、設備の更新、前庭の変更など多岐にわたる。中でも前庭の変更は次代の「市民の公会堂」を表象するものである。道路境界線沿いの塀や門、交差点の伝言掲示板を撤去し、食堂をオープンカフェとして改装する。これによってホールを使用していない時にもホワイエと前庭の単独利用が可能になるほか、前庭と公会堂が前面道路に対して開かれた表情を持つことになる。

都市機能が集積する場所での公会堂と敷地内の緑地は、平成二六年（二〇一四）、より市民に親しみやすいランドマークとして再生を果たす予定である。（小椋弘佳、熊谷昌彦）

米子市公会堂
〈所在地〉鳥取県米子市角盤町二丁目六一番地
〈構造・階数〉鉄筋コンクリート造一部鉄骨造
四階建て地下一階
〈延床面積〉四八七二平方メートル
〈建築年〉昭和三三年（一九五八）
〈改修年〉昭和五五年（一九八〇）
〈建築・改修設計者〉村野・森建築事務所
〈現在の所有者〉米子市

〔参考文献〕
『村野藤吾』（『別冊新建築』日本現代建築家シリーズ９）（新建築社、一九九四年）
竹内次男監修、松隈洋総括『村野藤吾と公共建築』（村野藤吾建築設計図展カタログ７）（京都工芸繊維大学、二〇〇五年）
米子市史編さん協議会編『新修米子市史第四巻通史編現代』（米子市、二〇〇八年）
米子市公会堂耐震問題等対策本部編『米子市公会堂のあり方検討報告書』（二〇一〇年）

著者略歴

（平成二五年三月時点）

足立裕司（あだちひろし）昭和二四年、兵庫県生まれ。神戸大学大学院工学研究科修士課程修了。工学博士。神戸大学工学部助手、講師、助教授を経て、現在同教授。著書に『阪神・淡路大震災調査報告書　建築編八』（共著）『栄光の残像』（共著）『関西のモダニズム建築　二〇選』（共著）『兵庫県の近代化遺産』（共著）など多数。歴史的建造物の復元、修復工事なども手掛けている。

足立正智（あだちまさのり）昭和二九年、島根県生まれ。建築設計事務所飴屋工房代表。NPO法人プロジェクトゆうあい副理事長、社団法人島根県建築士会会長、松江市および安来市の文化財保護審議委員を務める。主な業績として、松江市朝日家老屋敷長屋門復原工事設計監理ほか文化財建造物調査、改修設計を担当。

上村信行（うえむらのぶゆき）昭和三七年、岩手県生まれ。工学院大学工学部卒業。広島大学工学部助手を経て、現在広島大学財務・総務室助教。瀬戸内海沿岸地域の歴史的な町並み調査を数多く担当。竹原市伝統的建造物群保存地区保存審議会委員、福山市鞆町伝統的建造物群保存対策調査委員会（景観調査担当）等を務める。

小椋弘佳（おぐらひろか）昭和五九年、鳥取県生まれ。千葉大学工学部デザイン工学科卒業、同大学院修士課程修了。現在米子工業高等専門学校建築学科助教。中山間集落の地域おこし活動等を行うほか、米子市中心市街地活性化基本計画推進委員会委員、鳥取県日野地区中山間地域振興協議会委員等を務める。

熊谷昌彦（くまがいまさひこ）昭和二七年、福岡県生まれ。広島大学工学部建築学科卒業、東京工業大学大学院博士課程（社会開発工学専攻）修了。米子工業高等専門学校建築学科助教授を経て、現在同教授。工学博士、一級建築士。著書に『地域施設の計画―二一世紀に向けた生活環境の創造』『まちづくり教科書第四巻公共建築の設計者選定』（共著）。

佐藤俊雄（さとうとしお）昭和三〇年、山口県生まれ。名古屋工業大学建築学科卒業、同大学院（建築学専攻）修了。現在公益社団法人中国地方総合研究センター地域計画研究部長兼主任研究員。技術士（建設部門、都市および地方計画）、一級建築士。著書に『ドイツにおける地域計画と都市交通の新たな潮流』（共著）『広島の都心戦略・交通戦略』（共著）。

澤田廉路（さわだとしみち）昭和二九年、鳥取県生まれ。大阪大学大学院工学研究科博士課程修了、博士（工学）。大和ハウス工業株式会社を経て、鳥取県庁に入庁。建築行政、景観まちづくり行政に従事。著書に『河童之介天神川ものがたり』『歴史的まちなみの再生～倉吉、鹿野、智頭のまちづくりに関する研究』『二一世紀を拓く地域づくり読本』（共著）。

澁谷俊彦（しぶやとしひこ）昭和二八年、岡山県生まれ。神戸大学大学院工学研究科（建築学専攻）修了。岡山市役所技師、山陽学園短期大学講師、助教授、教授を経て、現在山陽学園大学教授。著書に『別冊太陽　日本の街並みⅡ中国・四国・九州・沖縄』（共著）『景観法と景観まちづくり』（共著）『倉敷市の近世寺社建築』（共著）。

末廣健一（すえひろけんいち）昭和二九年、岡山県生まれ。神戸大学大学院工学研究科（建築学専攻）修了。建築設計事務所、都市計画コンサルタント等を経て、現在山陽学園大学教授。主な業績として、東京国際フォーラム管理運営情報システム構想の基本設計、建築プログラミングに関する研究など。日本建築学会建築プログラミング小委員会委員を務める。

十河義典（そごうよしのり）昭和四八年、香川県生まれ。熊本工業大学工学部建築学科卒業後、山口県庁に勤務。一級建築士。山口近代建築研究会、ＮＰＯ法人まちのよそおいネットワークなどで活動。著書に『やまぐち近代建築探偵』（共著）。

原田正彦（はらだまさひこ） 昭和二九年、山口県生まれ。京都大学工学部建築学科卒業、同大学院修了後、山口県庁に勤務。一級建築士。山口近代建築研究会、NPO法人まちのよそおいネットワークなどで活動。著書に『中国地方の町並み』（共著）『やまぐち近代建築探偵』（共著）『山口近代建築研究一〜六』（共著）。

細田智久（ほそだともひさ） 昭和四九年、島根県生まれ。豊橋技術科学大学工学部建設工学課程卒業、同大学院修士課程修了、同大学工学部建設工学系助手、米子工業高等専門学校建築学科講師を経て、現在同准教授。博士（工学）、一級建築士。著書に『建築設計資料集成拡張編　集会・市民サービス』（共著）『生態恒常性工学　持続可能な未来社会のために』（共著）。

水井啓介（みずいけいすけ） 昭和四五年、山口県生まれ。日本大学理工学部建築学科卒業、同大学院修了後、山口県庁に勤務。一級建築士。山口近代建築研究会、NPO法人まちのよそおいネットワークなどで活動。著書に『やまぐち近代建築探偵』（共著）。

山下和也（やましたかずや） 昭和三二年、島根県生まれ。広島大学工学部建築学科卒業。現在（株）地域計画工房勤務。技術士（建設部門、都市及び地方計画）、一級建築士。日本都市計画学会中国四国支部幹事、広島女学院大学非常勤講師を務める。被爆建造物や街並み・集落調査等を実施。著書に『ヒロシマをさがそう』（共著）『中国地方のまち並み』（共著）。

吉田倫子（よしだのりこ） 昭和四七年、広島県生まれ。広島大学大学院工学研究科博士後期課程単位取得退学。広島女子大学生活科学部助手を経て、現在県立広島大学保健福祉学部助教。広島県環境影響評価審査会委員、三原市文化財保護審議会委員等を務める。

本書で取り上げた

建築遺産の再生年表

建築遺産再生の展開

【当初建設時期】

江戸期

◆西爽亭 H9

明治期

◆下関市南部郵便局 H10

◆玉川沿いの白壁土蔵群 S51～

◆倉敷アイビースクエア S49

◆かげやま呉服店 S45

◆石見銀山のなかむら館　H12

◆広島市郷土資料館 S59

◆美保関灯台ビュッフェ S47

◆柳井市町並み資料館 H12

大正期

◆広島市水道資料館 S60

◆広島アンデルセン S42

◆ＣＳ赤れんが H4

昭和期（戦前）

◆カラコロ工房 H12

◇再生は昭和 40 年代から行われていたが、特に平成 10 年代後半から増えている。

◇当初の建設時期が明治期、大正期のものが多いが、近年では昭和戦前期の事例も見られるようになっている。

◆ぎゃらりぃ宮郷
H15

◆恋しき
H19

◆山口市菜香亭
H16

◆犬島精錬所美術館
H20

◆米子市の
中心市街地
H17～

◆木暮実千代顕彰室
H20

◆山口銀行旧本店
H16

◆震湯ギャラリー・
カフェ内蔵丞
H19

◆ごうぎん
カラコロ美術館
H24

◆ルネスホール
H17

◆田中絹代ぶんか館
H22

◆おのみち歴史博物館
H17

◆尾道商業会議所記念館
H18

◆ヒストリア宇部
H22

◆旧日下医院
H19

◆五臓圓ビル
H23

◆ソットスタッツィ
オーネ H20

※Sは昭和、Hは平成、数字は再生年を示す。

「中国総研・地域再発見BOOKS」の刊行にあたって

二〇世紀後半からのグローバル化、情報化の進展は、産業や経済活動、人々の暮らしに大きな変化をもたらしています。その一方で、地域が自立的かつ持続的に成長するためには、地域を基点とした歴史や文化をはじめとした情報をグローバルに発信することが強く求められています。

瀬戸内海と日本海に囲まれ、緑豊かな中国山地を抱く中国地域は古くから豊かな歴史、自然に恵まれ、それを育むとともに産業や文化などを発展させてきました。また、日本だけでなく世界的にも高く評価される人物なども多数輩出してきました。こうした地域資源や地域特性を見直し再評価することは、二一世紀を生きる私たちにとって大きな「知の源泉」であり、中国地域を日本だけでなく世界に発信するうえで、きわめて重要であると考えます。

シリーズ「中国総研・地域再発見ＢＯＯＫＳ」は、中国地域の歴史や文化、産業、人物などをメインテーマとし、それを中国地域の強みとして生かすことで中国地域および日本の持続的発展に寄与するために発刊するものです。このシリーズによって、多くの人々が知的好奇心を高め、中国地域を再評価し、未来を生きる「知の源泉」となることを念願します。

二〇一二年一一月

公益社団法人　中国地方総合研究センター
会長　熊野　義夫

【公益社団法人 中国地方総合研究センター（略称：中国総研）について】

中国５県や産業界などによって設立され、内閣府の認定を受けた公益法人です。行政や産業界からの委託を受け、独立したシンクタンクとして客観的な立場から、主に中国地域や瀬戸内海地域を対象とした調査研究活動を行っています。昭和 23 年 (1948) 発足以来、地域に根差した組織として、中国地域の発展に寄与できるよう努めています。

主な刊行物：季刊「中国総研」、「中国地域経済白書」など

主な編著物：「歴史に学ぶ地域再生」（吉備人出版、2008 年）、「中国総研・地域再発見 BOOKS ①「海」の交流」（中国地方総合研究センター、2012 年）など

中国総研・地域再発見 BOOKS ❷

中国地域のよみがえる建築遺産

—新たな生命を吹き込まれたレトロ建築の魅力—

2013 年 5 月 30 日　初版発行

編集・発行…… 公益社団法人　中国地方総合研究センター
〒 730-0041　広島市中区小町 4-33　中電ビル 3 号館
電話　082-245-7900
URL http://www.crrc.or.jp

装幀・デザイン… 有限会社オムデザイン

印刷・製本…… 産興株式会社
〒 730-0847　広島市中区舟入南 1-1-18
電話　082-232-4286
URL http://www.sankoweb.co.jp

ISBN978-4-925216-06-7